U0018460

BLOC-MODE

fashion sketches from world's top designers

時尚大師的手繪時尚

Frédérique Mory——著

吳佩芬——譯

GASPARD YURKIEVICH
URBAN GLAMOUR
A/H 00-01
PERFECTO EN
VIZELLE
COULEUR VIEUX
ROSE
OLIVIER LAPIDU

致　謝

感謝費加洛雜誌，同意讓我從集團媒體所做的採訪中取材。

感謝所有同意授權的設計師，及他們的慨然應允。

感謝熱情回應我諸多請求的相關人士。

BLOC-MODE

Contents

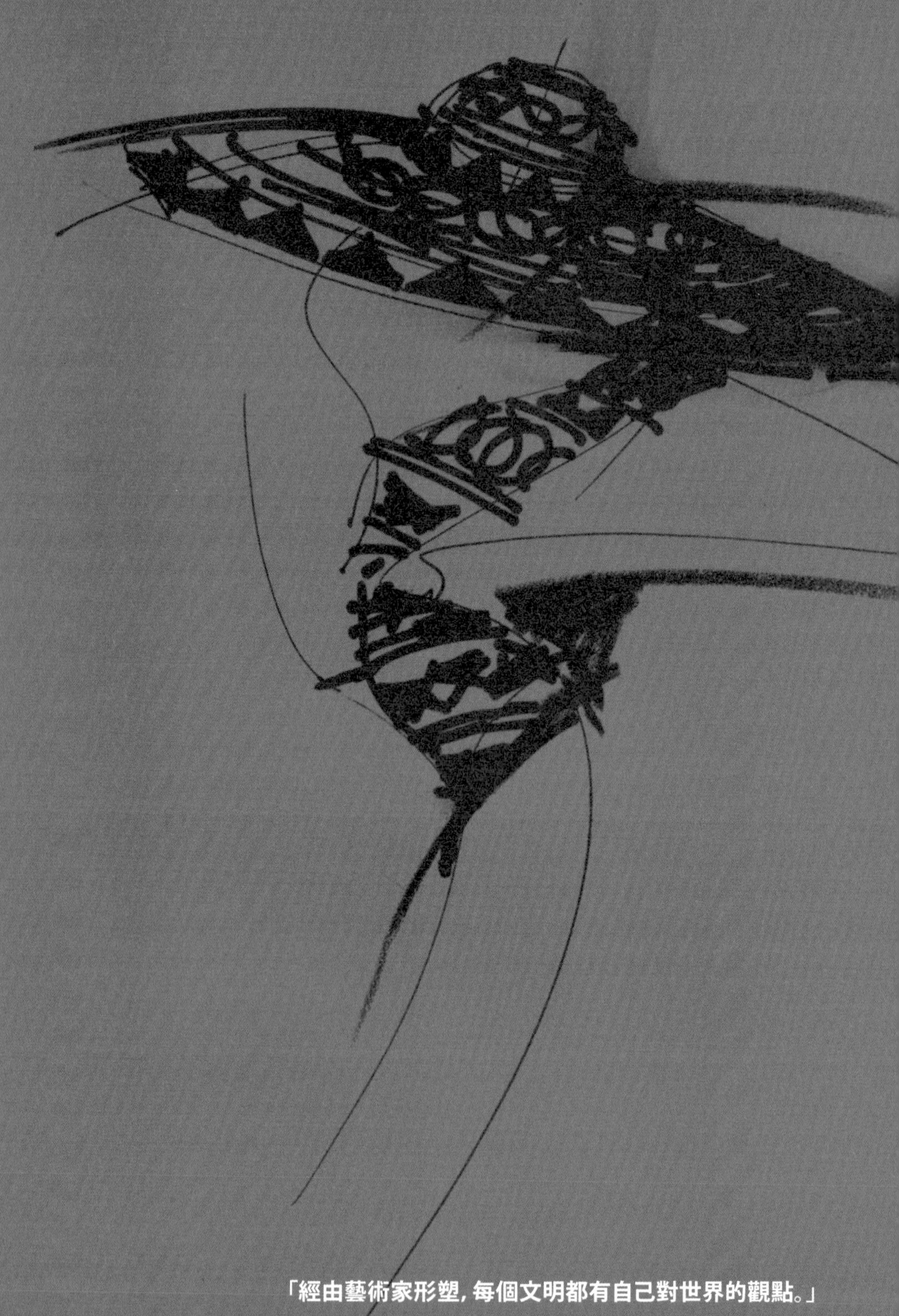

「經由藝術家形塑，每個文明都有自己對世界的觀點。」

——André Malraux

安德列．馬勒侯，作家、法國前文化部長

服裝，我們的第二層皮膚

「您長得像奧黛麗・赫本嗎？」

時間回到1960年代前夕，阿爾及利亞的首都阿爾吉爾，我出生的城市。報紙以上頭那一行吸引人的標題，刊登一則消息。不久將有一個徵選，歡迎夢想成為電影明星、雜誌明星的青少年前來參加。我費盡心思打扮參加徵選：短髮整齊往後梳，服貼在頭上，刷上眼影的眼睛從幾綹散落的髮絲下露出來。但我的改變沒有得到預期的效果，白白犧牲了秀麗的長髮！儼然是「時尚的受害者」！

這一回與媒體的第一次接觸，冥冥之中決定我日後的職場生涯。之後我成為記者，橫跨平面媒體、廣播及電視，之後更當上《費加洛仕女》雜誌（*Madame Figaro*）的總編輯。我讓自己平分在兩件事情之間：一是我曾經的最愛——文字，以及我的職業「週刊時尚總監」。每年我必須看上兩季服裝秀，每一季有三百多場成衣秀（在巴黎、米蘭及紐約），再加上高級訂製服及一些男性時裝秀。我和工作夥伴們根據這些服裝秀的內容整理分析，決定往後六個月出現在報紙的時尚照片的主要潮流。要知道，那些用文字評論時尚的人幾乎是不用照片的（照片是「時尚攝影師」的工作），反之亦然。

就這樣，從1960年代末期到新千禧年的初期，從報導到訪談，從系列照片到服裝秀，因為工作的緣故我得以接近服裝設計師，這些穿著打扮的藝術家們創造時尚又打亂時尚，抓住時代的氛圍，超越或者反映社會變動：風尚習俗的解放，以及音樂、繪畫、攝影、電影、文學的革新。服裝是第二層皮膚，而設計師不分男女，都以製作新的服裝線來標誌自己的時代，有怪誕、甜美、巴洛克式、剛硬、結構風、運動風，每個系列都反映出一種個性。

因為跟這些獨一無二的創作者接觸，我經歷過一段熱情動人的時光，而他們打造的服裝文化將豐富你個人的想像力。經過將近三十年，我保存了無數設計師出於友誼送給我的手稿及草圖，至今未曾出版過，其他一些手稿插畫則是特別為本書繪製。

這本圖文集的呈現，依隨我個人的回憶（我只保留那些美好的！），那些我與設計師交會的故事，以及他們以創新熱情所畫的草圖，由這兩者共同發展而來，讓近代時尚史中的某些美好時刻再度重生。

Frédérique Mory
弗蕾德莉克・莫利

年輕時尚引領風騷

今天出人意料，明日驚奇不再

在此之前，時尚一直都由生活已有一定地位的女性主導，
但現在將史無前例地由年輕人來決定風格，
也就是自我風格。

la mode jeune devient une industrie

1960

Louis Féraud
ce qui étonne aujourd'hui ne surprendra plus demain

60

Trend

1 Pierre Cardin帶領成衣時尚化
2 Sonia Rykiel和Dorothée Bis的針織品熱賣
3 皮衣和長風衣蔚為流行
4 阿飛風潮引爆流行
5 Mary Quant帶動迷你裙流行風潮
6 Éric Charden開創雌雄同體風格
7 模特兒Twiggy崛起
8 Jean Bousquet、Jean Cacharel開創創意平價成衣
9 Daniel Hechter成為第一位從工作服和運動服擷取靈感的設計師

Keyword

皮衣、迷你裙、阿飛風、嬉皮風

品牌趨勢——設計師成衣

如果說1950年代的時尚特色是端莊、樸素、合宜，那麼1960年代則集結了各式潮流。女性雜誌首先嗅出新的消費族群，這一群人交換彼此的品味及需求，傳播新的流行趨勢，同時，模特兒改變走台步的方式，攝影作品也轉而呈現流動的身體影像。受到電影、音樂及當時藝術風潮的影響，女性的形象也因此隨之轉變。

1962年，我目睹皮爾．卡登創造出設計師服飾成衣化的概念，同時設計師Jacqueline和Elie Jacobson在巴黎塞弗爾街開始經營專屬品牌服裝店Dorothée，後來搬到同一條街不遠處，改名為Dorothée Bis。Jacqueline推出貼身毛衣，她的針織品有的用棉胚布粗針織成，有的是手工羊毛織品，飾以風景和幾何圖案，短褲則搭配長背心和一大條披肩。Dorothée Bis在那個年代變成著名的服裝店，店內裝潢獨特，以紅絲絨包覆管狀鷹架，模特兒則懸掛於架上。

在Sonia Rykiel自創品牌之前，她的針織服飾及小毛衣在服裝店Laura造成流行。電影《狂沙十萬里》讓街上每個人都穿著如劇中英雄一般的長風衣，皮衣也成為最新流行。設計師Eva Pikowski先在巴黎近郊的納依市開了以個人名字Eva為名的服裝店，販售自己設計的服裝，第一家店的成功，使她接著在巴黎的聖安德列藝術街開了Gudule服裝店。

流行風潮——年輕的自我風格

1963年是阿飛（yéyé）風潮的爆炸性流行！我在搖滾夜店高爾夫都歐（Golf Drouot），看著偶像歌手Claude François隨個人首波流

1960年代集結了各式潮流，
女性雜誌首先嗅出新的消費族群。

行金曲勁歌載舞，那是「S.L.C.」——「哈囉哥兒們」（*Salut les Copains*）——的時代，同名廣播節目和音樂雜誌正紅。6月23日，S.L.C.雜誌為慶祝創刊一週年，在巴黎民族廣場舉辦一場音樂會，邀請歌手Johnny Hallyday、Sylvie Vartan、Dick Rivers演出，現場聚集了五萬名年輕人參與。

Sylvie在這場著名音樂會所穿的洋裝，由Arlette Nastat和Madame Vager兩位女性所創立的品牌Réal提供。不久後，Sylvie找了幾位舞台服裝設計師Bob Mackie、Michel Fresnay、Mine Vergès合作，後來便推出自己的品牌la Boutique de Sylvie（雪兒薇的店），店址在巴黎維多雨果大道115號。她的兩位密友Mercedes Calmel和Luce Dijoux，則獲得Christiane Bailly、Emmanuelle Khanh這兩位深具才華的設計師的支持，主要客層鎖定年齡十五到二十五歲，她們設計的洋裝搭配自家的b.o.配件，價位大約在一百五十法郎左右，相當於今天中等成衣的價位。

在此之前，時尚一直都由生活已有一定地位的女性主導，但現在將史無前例地由年輕人來決定風格，也就是每個人的自我風格。這個時代的男女，以一種狂熱的態度進行消費及生活，再也沒必要穿得跟父母輩一樣！為人父母的那一代嘗試跟隨流行，不過到了四十歲，才開始穿後褲管較長、前褲管分岔的低腰窄腿褲實在不容易。更別提從1966年開始流行、長度縮到大腿中間的迷你裙！

在倫敦，隨著披頭四或滾石樂團的節奏，青少年文化激發了日後設計師Mary Quant和André Courrèges創作出第一波迷你裙。依我看來，Courrèges在1963年就縮短裙子長度，Mary Quant則進一步哄抬了迷你裙的流行價值。1966年春夏季服裝調性歡愉，色彩鮮艷，Courrèges的風格（靴子配短裙）讓穿上它們的女性年輕了十歲。歌手Françoise Hardy登上《Elle》雜誌封面，身著Paco Rabanne的衣服，或穿上由Gérard Pipart設計的Nina Ricci品牌服裝。迷你裙是年輕人的制服，只有少數跟不上流行或穿長褲的年輕女孩例外。

1967年，明星洋裝款式為皮製、無袖、拉鍊開在前面，一刊登在《Elle》雜誌之後，這一款洋裝就賣了幾千件。它也是我的幸運洋裝：我穿著它簽下在《良宵》雜誌（*Bonne Soirée*）的第一份工作，這是一本有百萬印量的週刊，由Dupuis兄弟發行，兩人也是漫畫出版界的重要人物。我負責創辦一份以年輕人為對象的小型報紙《良宵小姐》（*B.S.Mademoiselle*），而那時候，高中學校以及大部分公司仍禁止穿長褲呢……直到1968年5月才改觀。

時尚名人——明星推波助瀾

攝影師Jean-Daniel Lorieux在他位於昂北街（rue Ampère）的工作室，拍下阿飛風潮代表人物Françoise Hardy、France Gall和Sylvie Vartan的影像，攝影師Patrick Bertrand則為她們三人拍唱片封面，並持續報導記錄。男歌手Jacques Dutronc為《良宵》雜誌揭開男性時尚的趨勢——窄身絲絨外套，一副「身穿Cardin衣服、足蹬Carvil鞋子的職業花花公子」的調調。Éric Charden則開創了雌雄同體風格。為了拍攝化妝保養品照片，我選了一個年輕的「封面女郎」（當時還不用「名模」一詞），Nicole Lambert有一張迷人的臉龐，是未來《三寶貝》（*Les Triplés*）漫畫的創作者。

女性的形象持續演變。崔姬（Twiggy）是這一波新流行時尚的代表模特兒，以一頭短髮和中性身形晉升明星地位。1967年也是設計師Françoise Chassagnac打開名氣的一年，她在巴黎的勝利廣場（Place des Victoires）開設時裝店Victoire。日後，她成為發掘千里馬的伯樂，跑遍歐洲各大城市的秀展及高級服裝店，在她的店內展示新秀最早的作品，使他們有機會嶄露頭角，成為重要的服裝設計師，經她提拔的人不勝枚舉，例如：Angelo Tarlazzi、Thierry Mugler、Claude Montana、Jean-Paul Gaultier、Patrick Kelly、Stephan Janson、Romeo Gigli。

革新的年輕流行時尚成為一種產業。有兩位人物為嬰兒潮世代設計出既有創意、價格又合理的成衣，改變了服裝產業。Jean Bousquet（又名Jean Cacharel）在倫敦的自由（Liberty）百貨公司賣出了兩百萬件女襯衫。身為公司老闆，他深諳匯集人才之道，網羅當時有名的建築師及設計師為他的服裝系列效力，建築師如：Gérard Grandval、Jean-Michel Wilmotte、Norman Foster、Andrée Putman，服裝設計師則有他自己的小姨子Corinne Sarrut、Agnès B、Corinne Cobson、Azzedine Alaïa等人，同時，他開設數家服裝店，加上攝影師Sarah Moon打造的浪漫視覺影像，建立起他的服裝形象。

另一位成衣業明星Daniel Hechter，是第一位從工作服和運動服得到靈感啟發的設計師，創造出輕快愉悅、色彩繽紛的流行風尚，男裝跟女裝皆然。在一場備受褒揚的服裝秀後他對我說：「現在是街頭在創造時尚。要是一個有知名度的女孩敢穿上一件叫人意想不到的衣服，出現在眾人眼前，馬上就會有五個人穿得跟她一樣。而我只是將她的服裝改變一下。」

之後嶄露頭角的有Christian Aujard、Mic Mac（為Gunther Sachs的品牌，他是碧姬芭杜的某一任丈夫）、Georges Rech、Charles Maudret、René May和他的妻子Théa，後者隱身幕後，不遺餘力貢獻意見，並和許多時尚女編輯結為知心密友。1967年，由亞瑟潘執導、費唐娜薇領銜主演的電影《我倆沒有明天》，捧紅了片中角色「邦妮」（Bonnie）的打扮形象：貝雷帽、長裙、光滑金髮。

現在是街頭在創造時尚。
要是一個有知名度的女孩敢穿上一件叫人意想不到的衣服，出現在眾人眼前，馬上就會有五個人穿得跟她一樣。
——Daniel Hechter

圖左Givenchy繪、圖右Louis Féraud繪

年輕人跟新的英雄們同化，時尚觸及所有長度類型：迷你、中長（及小腿肚）、超長。超長衣服的褶邊幾乎掃著人行道。隔年，音樂劇《毛髮》（Hair）在百老匯傳出醜聞，在巴黎卻大受歡迎。同時，穿著迷你裙配長統襪的Chantal Thomass，在成為內衣界領袖之前，推出有公主袖和圓形平貼領的小女孩式洋裝；碧姬芭杜很喜歡她設計的洋裝，穿著在聖托佩（Saint-Tropez）亮相。

不過在1968年，穿上男性風格的長褲套裝，是流行嬉皮風格無可取代的時尚裝扮：光滑的天鵝絨、阿富汗式背心、刺繡、亮片。Jean Bouquin在巴黎聖日耳曼德佩區（Saint-Germain-des-Prés）開了一家北非味道的奢華商店，好幾年來都是有品味的時髦嬉皮尋找中東風格時尚的地方。七分褲、喇叭褲、針織長背心，人們密切注意Dorothée Bis店內的新品進貨，或在幾家服裝店之間穿梭找衣：Gudule、聖安德列藝術街的Beige、聖日耳曼大道上Léo Berger掌管的la Gaminerie（孩子氣），購買Sonia Rykiel的第一批小毛衣……我在聖日耳曼訪問銀色夫妻檔塞吉．坎斯伯和珍．柏金，此時珍手上已經拿著提籃了，成為她日後著名的「嬰兒籃」。

「如果今天要選擇一個方向，
我很可能會轉向大量普及，那會是未來趨勢。」

Gérard Pipart

傑哈．彼琶

優雅女裝的開創者

生於法國｜1933－

1 60至70年代前衛時尚代表人物

2 創造Chloé第一代風格

3 為Nina Ricci帶起高級訂製服風潮

他的創意備受肯定，知名度高，在1964年為品牌Nina Ricci工作之前，已經在成衣設計界打響名號。1950年代他先在高級訂製服工坊累積經驗，跟隨過Pierre Balmain、Jacques Fath、Givenchy及Marc Bohan等設計師，後來創造了Chloé的第一代風格，率先在風格和工業化生產之間開啟了「歷史性」的結合，被譽為1960至1970年代前衛時尚代表人物。

我在以前的訪問記錄中找到《時尚花園》雜誌（*Le Jardin des Modes*）總監Maïmé Arnodin（現已辭世）的談話，她在1969年成立了形象風格與廣告顧問公司la Mafia。她是這麼說的：「Gérard 改革了並表現出我們在別處看不到的現代性。他是無與倫比的色彩大師，也是非常優秀的服裝打版師。我把希望都寄託在他身上。那是屬於Gérard Pipart、Christiane Bailly、Emmanuelle Khanh這一群才華出眾的設計師的年代。」

Gérard本人進一步解釋：「當我重新執掌Nina Ricci藝術總監時，某些人認為高級訂製服已經窮途末路，不再有存在的理由，我的任務是使它存活，而且又將Nina Ricci延續了四十年！我最喜歡自己行業的一點，就是它的多樣性。我在訂製服工坊起步，接著是成衣設計的天馬行空經歷，讓我得以大展創意，然後又因Nina Ricci回到高級訂製服工坊，再加上我構思的品牌Ricci New York，多虧後者，每年我數度往返大西洋兩岸。最讓我珍惜的永遠都是這些多元性……如果我今天還要選擇一個方向，很可能會轉向大量普及的風格，有點像美國人L.L Beans的型錄郵購。我相信在Zara和H&M的時代之後，那會是未來趨勢。」

G. Pipart
NINA RICC

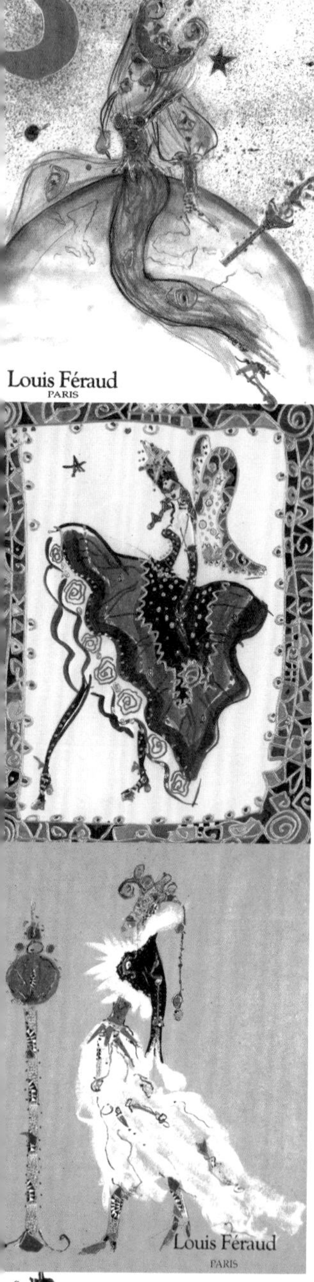

Louis Féraud

路易・費侯

愛戀女人的法式摩登

生於法國｜1921－

1　60至80年代女星的最愛

2　以女性、歡樂、陽光為創作靈感

3　演繹繽紛優雅的南法風情

他的服裝風格不僅歡樂開朗，色彩繽紛，而且超級摩登。1960到1980年代，包括碧姬芭杜在內的多數明星都穿過他的衣服。他是一位熱愛女性、魅力十足的男士。有天他在自己的公寓向我展示下一季服裝手稿和油畫創作，他的公寓就在服裝店的樓上，正對著艾麗榭宮。

他熱愛繪畫，從1996年起全力投入。他和Christian Lacroix一樣都是南法亞爾人，愛戀色彩、民俗風格和優雅精緻的事物，將女性迷人的優雅高傲姿態表現得淋漓盡致。Louis Féraud在生命的最後幾年間，把創作領導權交給構思出許多服裝系列的女兒Kiki。Féraud的風格受人尊崇，不過，設計師的離世，卻也把這個品牌對女人的狂想和溫柔一併帶走了。

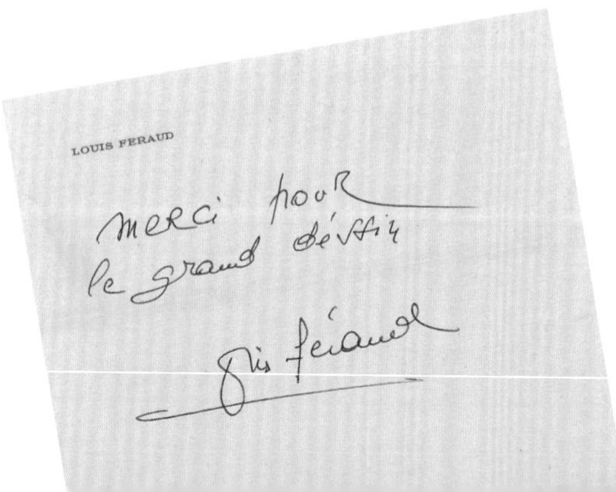
LOUIS FERAUD

merci pour
le grand dessin

Louis Féraud

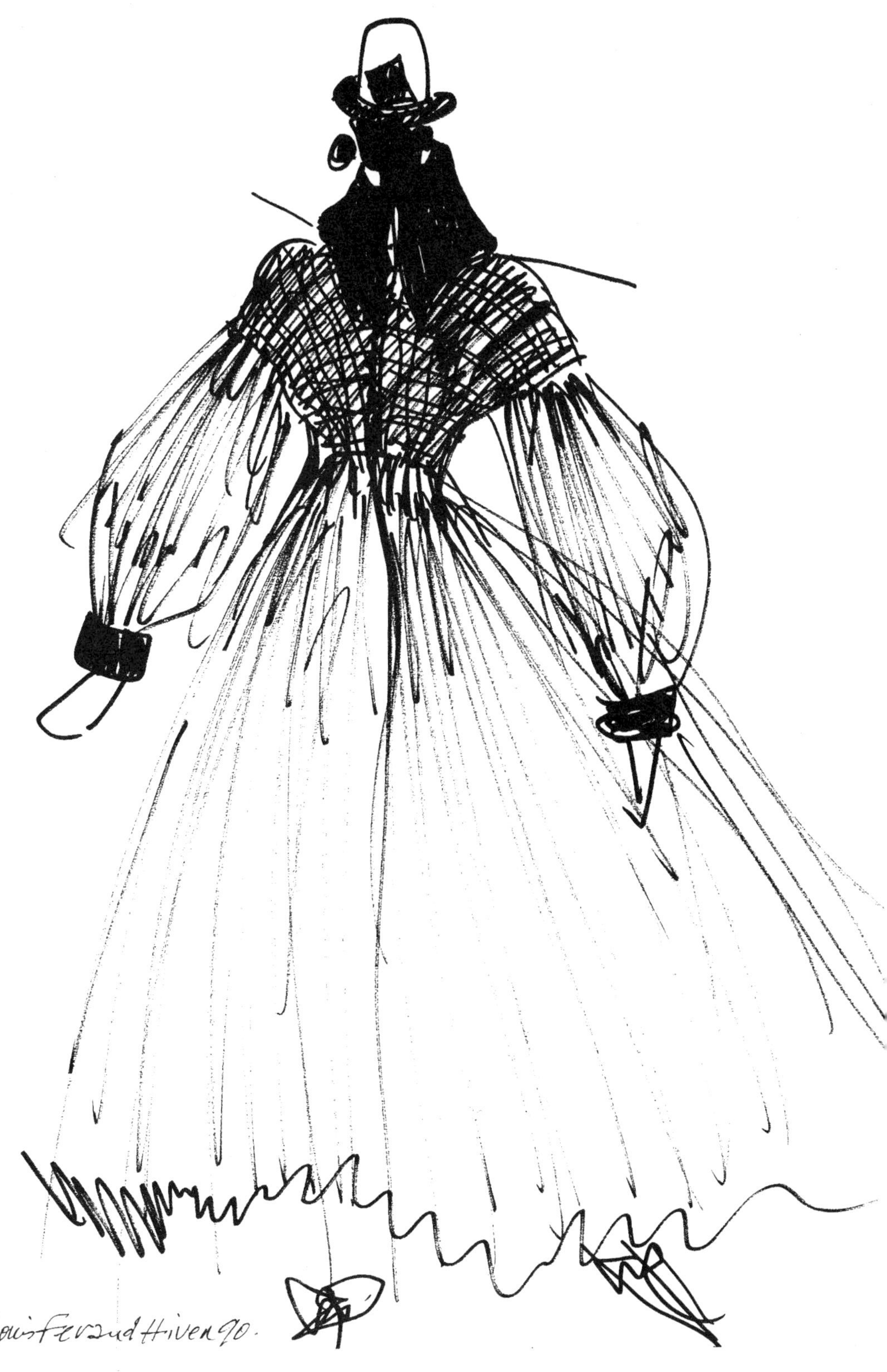
Louis Feraud Hiver 90.

louis Feraud 87.

Philippe Guibourgé

菲利浦・基布爾傑

帶領香奈兒成衣繼往開來

生於法國｜1933-1986

1　帶領香奈兒成衣線重躍時尚潮流

他跟幾個最大的服裝品牌都合作過。在Jacques Fath的三年間，他先參與高級訂製服系列，接著為服裝線Fath Université工作，後來在Lanvin Castillo的工作室待過一陣子，接著到Dior擔任Marc Bohan 的助理，負責Miss Dior的成衣系列。1975年，他擔任香奈兒高級訂製服的獨立服裝線——Chanel Créations的總監，在委任的八年時間裡，讓香奈兒成衣風格重新跟上潮流：皮革與丹寧布套裝、較經典風格稍短的裙子、白緞領的黑絲絨吸煙裝（永不褪流行的服裝，我衣櫃裡永遠有一套）都是他的巧思。「這是一項艱難的傳統繼承，」他曾跟我坦言：「必須尊重高級訂製服的形象，同時要為這個聲譽卓著的品牌注入年輕新生命。」1979年，我替曇花一現的《費加洛週日報》訪問過他，從此結為好友，直到死神把他從時尚界帶走為止。1986年，以他名字命名的服裝系列在他過世後十二天推出，Philippe卻等不到他的夢想實現——擁有個人品牌。

LE FIGARO DIMANCHE

féminin

La mode expliquée par ceux qui la font

« M. Chanel » - Guibourgé : variations sur un même thème

On pourrait appeler Philippe Guibourgé « Monsieur Chanel ». Sans l'offenser, puisqu'il reconnaît lui-même qu'il « fait » du Chanel et qu'il s'est glissé dans l'esprit de la grande Mademoiselle en s'imprégnant de sa personnalité.

La cinquantaine sportive, un sourire qui vous met à l'aise, un contact direct, Philippe Guibourgé n'a rien d'un couturier sophistiqué. En apparence seulement, car ce créateur a toujours exprimé son talent par le biais des grands noms de la couture. Dès l'âge de 20 ans, chez Jacques Fath, où durant trois ans il participe à la création de la collection haute couture, puis à celle de « Fath Université », première ligne de prêt-à-porter du couturier. En 1960, il fait son entrée chez Dior. Il est l'assistant de Marc Bohan et, parallèlement, en 1967, il crée « Miss Dior », un prêt-à-porter de diffusion conçu pour une clientèle plus jeune. En 1975, lorsqu'il prend la direction artistique des « Créations Chanel », une société fondée par les parfums Chanel, mais indépendante du département couture de la rue Cambon, la profession s'interroge. Lui aussi.

« C'était un héritage difficile, dit-il. *Il fallait respecter l'image de marque de la haute couture, et donner un souffle de jeunesse à ce nom prestigieux à travers une nouvelle ligne de prêt-à-porter. Aujourd'hui – j'en suis déjà à ma sixième collection – je suis tellement imprégné du style Chanel que lorsque je veux faire du « Guibourgé », il en sort inévitablement un « petit Chanel ». La mutation s'est faite en douceur. Chanel, c'est une variation sur un même thème... »*

Alors, *il extrapole autour d'une silhouette.* Il garde un boutonnage, utilise une matière différente, et joue avec les accessoires en changeant, par exemple, la couleur des célèbres sandales bicolores. Mais il reconnaît que depuis trois ans, il est servi par ce vent de classicisme qui souffle sur la mode.

« Cet hiver, certaines de mes créations sont photographiées dans la plupart des magazines de mode : le modèle qui a remporté le plus grand succès, c'est un strict tailleur de velours noir dont les revers sont gansés de satin blanc. C'est du Chanel, mais « réactualisé », rénové. Avec certaines carrures légèrement épaulées, j'ai tenu compte du phénomène des épaules accentuées. C'est donc un style qui peut s'adapter et se prêter aux lois d'aujourd'hui. Mon mannequin vedette accessoirise son jean avec la veste d'un tailleur. Chanel n'est donc pas un carcan. »

Revus et corrigés par Philippe Guibourgé, les petits Chanel « prêts-à-porter » font une étonnante carrière commerciale. Aux Etats-Unis, où la première collection fut tout d'abord diffusée avant d'être implantée sur la France. Les Américaines devaient acheter à 80 % « l'image Chanel », c'est-à-dire le célèbre petit tailleur. Six mois plus tard, le même courant se confirme sur le marché français où – tradition oblige – Chanel Créations s'installe 31, rue Cambon : dans la journée qui suit l'ouverture de la boutique, quarante-cinq sacs sont vendus. Ces « Chanel » indémodables dont les surpiqûres et les chaînettes dorées ont été si souvent imitées.

C'est ainsi qu'en 1978, le chiffre d'affaires du secteur prêt-à-porter et accessoires a progressé de 100 % sur l'année précédente. C'est donc un succès total. D'autre part, 65 % du chiffre est réalisé à l'exportation.

Ce succès, Philippe Guibourgé l'explique à travers une maxime de Coco Chanel : *« Ce n'est pas à moi d'aller à la mode, c'est à elle d'aller vers moi. » « Cette silhouette,* dit-il, *correspond au climat politique et à l'atmosphère d'aujourd'hui. Une femme n'achète plus dix fantaisies à 500 F, elle investit dans un modèle plus cher qu'elle portera plusieurs saisons, voire plusieurs années s'il s'agit d'un classique. Une collection ne renie plus la précédente. »*

Quelle femme est habillée par Philippe Guibourgé ? Une femme jeune, très féminine : *« Il y a une femme Chanel, comme il y a une femme faite pour porter du Saint Laurent, avec une seule différence, c'est que Chanel habille tous les âges et toutes les tailles »*. Une femme dont le pouvoir d'achat est élevé, car la gamme de prix – bien qu'inférieure à celle pratiquée en haute couture – se situe dans un créneau élevé : 3 500 F pour un manteau, de 4 000 F à 5 000 F pour un tailleur, les robes d'après-midi annoncent 2 500 F, les tenues du soir 3 000 F. La fabrication (assurée par Mendès) fait appel aux plus belles matières, et les finitions ne trahissent pas cette célèbre griffe : toutes les doublures sont en soie.

Philippe Guibourgé sera-t-il tenté de lancer, lui aussi, sa propre griffe sous son nom pour exprimer sa personnalité, la vraie ? Dira-t-il un jour « non » à Chanel ?

« Je ne crois pas. Il s'est passé entre ce style et ma personnalité une sorte d'accord tacite. « Avant », je me laissais emporter par mon imagination. Aujourd'hui, il me serait difficile de faire du Guibourgé. Si je devais quitter cette mason, il faudrait casser le moule Chanel. Et je me demande même si je ne referais pas du « Chanel » ailleurs... » ■

Frédérique Mory

André Courrèges

安德烈・庫雷熱
未來主義風潮大師

生於法國｜1923-

1 未來主義的年輕時裝
2 將長褲及迷你裙發揚光大
3 偏好粉彩色及白色

他出生於法國波城，擁有橋樑與道路學校的文憑，後來北上巴黎，1950年在Balenciaga找到一份裁剪師的工作。他在那裡待了十一年，學會這一行該有的條件和技術，對他來說，這就像學建築一樣。1961年，在太太Coqueline的協助下，他開了自己的店。早期作品不脫他師父的嚴謹精確風格，四年後，他從克萊柏大道搬到弗朗索瓦一世街，同時投下「Courrèges震撼彈」。

1967年，他創造了獨特的女裝樣式：膝上的洋裝長度，沒有臂線和腰身的A-line剪裁，長褲以及平底短靴。「太多人抄襲我們了，」Coqueline道：「有一天André就宣佈『我要抄襲我自己，我要給他們看看什麼是Courrèges！』」。這便是Courrèges未來派的誕生，在巴黎及紐約的百貨公司同時上市，以當時Givnechy的總監Dreda Mele為代表形象。Coqueline接著補充說：「那算是豪華版的成衣，每一款都分四或五個尺寸，褶邊可以配合顧客修改。我們具體設想女人的衣櫃該有哪些基本服裝，好配合一天當中不同時段的活動，有日間洋裝、運動服、午餐服、酒會服、晚宴服。André Courrèges偏好色調活潑的粉彩色，而且大量使用白色。他創造了無縫針織衣、褲襪配短裙，以及……到哪裡都可以穿長褲的生活。」她繼續微笑著說：「應該要突破門檻！打開自由的大門！有一晚在紐約，一家餐廳不讓我們穿長褲進去，於是我們就把長褲脫了，十個女人穿著剛好蓋到屁股邊緣的長上衣，在眾目睽睽之下走進去！」

Ted Lapidus

泰德・拉皮迪
雌雄同體的中性風

生於法國｜1929-2008

1 60年代著力於設計師成衣
2 60年代中性風格代表
3 丹寧布應用於高級訂製服的第一人

1965年的中性風、1966年的軍裝風、翌年的狩獵風，以及連續好幾季精心打造的雌雄同體風格，都讓他享譽盛名。人們指責他想「罷免」高級訂製服，只為貪圖豪華成衣或設計師成衣的利益打算。1968年他推出丹寧布洋裝，為高級訂製服首見。他在塞比皮耶一世大道自家店內的服裝秀，至今我還記得一清二楚，現場有個小男孩——他的兒子Olivier，未來也成了服裝設計師。

Jean Bouquin

讓·布甘

電影與政壇名流的最愛

生於法國｜1937-

1　60年代聖托佩明星名流鍾愛設計師
2　汲取男裝靈感設計女裝
3　當紅隱退轉戰劇場

他一開始在巴黎幫浦街為品牌Renoma工作時，就摸清楚了顧客們想要改變造型的急切需要。後來他搬到蔚藍海岸的聖托佩開店，把他的觀察付諸實現。店面開張三天後，法國歌手Charles Aznavour就來訂了一件外套，碧姬芭杜則從住所特別坐船過來，把所有衣服帶回家試穿，而且全部買下，使得Jean Bouquin一舉成名登上報紙頭條。事實上，碧姬芭杜在銀幕上或私底下都繼續穿他的衣服。

獨鍾他設計的還有法國女演員Marlène Jobert、珍·柏金、好萊塢影星葛麗泰·嘉寶、瑪琳·黛德麗，麗塔·海華斯在喬治·勞納（George Lautner）執導的電影《通往賽琳娜之路》（*La Route de Salina*）中穿他的衣服，麗莎·明妮麗在巴黎奧林匹亞劇院的巡迴演唱會中也穿，還有賈桂琳·甘迺迪、Johnny Hallyday、女星Claudia Cardinale、影星Monica Vitti、好萊塢男星傑克·尼柯遜、導演羅曼·波蘭斯基，甚至法國總統密特朗……

「我不是女裝裁縫師，我一開始是從男裝作起，所以也用同樣方法為女性設計沒有胸褶的窄肩外套。」他解釋道。這一波的成功讓他重新北上巴黎成立工坊，在幫浦街開了「Mayfair」，店址前身是一家肉品店，而後又開了十三家店，後來才改用自己的名字命名。

我認識Jean Bouquin是在他聖柏諾瓦街的服裝店，就在著名的爵士俱樂部「Le Bilboquet」對面。我好愛他的衣服，混合了亮片、阿富汗式外套、印度風長衫、亮面材質、光滑平絨、蠟染和馬德拉斯薄棉布（madras）……不過就在大紅之際，他突然決定歇手：「我的服裝風格滿街都是，有天早上，我對自己說『你就要過時了，該停止了』！」於是他在1971年7月31日三十四歲生日那天退出時尚業，跑去經營巴黎的德嘉齋劇院（Théâtre Dejazet），最近，我還在那裡碰到他。

Chantal Thomass

香塔爾·托馬斯

女人送給女人的設計

生於法國｜1947-

1　60年代材質與色彩創新運用
2　80年代起有「內衣皇后」之稱
3　創造細肩帶洋裝、內衣外穿、蕾絲褲襪

她在阿飛（yéyé）年代便創新材質與色彩的運用，譬如漆布雨衣、粗麻布迷你洋裝、和聖皮耶布市買的雲紋彩布。她一開始在多芬街的店內銷售「Ter et Bantine」服裝系列。1981年起，內衣開始替她的成衣服飾定調：西裝外套下只穿一件清晰可見的胸罩，毛衣外加繫帶式緊身內衣，襯裙從裙子下露出來……她讓束腰緊身帶及褲襪吊帶重返流行，驚人的成功令她被譽為「內衣皇后」。那時她又創造了細肩帶洋裝（十五年後再度流行）、外穿式內衣和蕾絲褲襪。談起自己的設計，Chantal的語調十足“女性主義”：「我創作內衣是為了我自己，為了我們，不是只為了取悅男人！內衣塑造身體的線條，影響動作舉止，穿上棉質胸罩或集中托高型胸罩的態度是不一樣的。我的內衣要與服裝搭配，穿這件毛衣會配這件胸罩，穿那件洋裝就配另一件胸罩。男性設計師跟女性設計師不同的地方，在於我們會穿上自己的作品，很清楚什麼材質會太緊或妨礙我們活動！」

Guy Laroche

「露出頸項的低領服永遠討人喜歡。」
——Guy Laroche

姬龍雪
看見女人的優雅性感

生於法國｜1921-1989
1 善長突顯腿部與背部烘托女人味
2 色感細膩優雅

他特別重視女人的腿部和背部，最在意能否將女人打扮得漂亮而不古怪，「因為怪里怪氣可不是優雅的同義字。」他說：「一個女人應該美美的抵達晚會現場，離開時還是一樣漂亮。露出頸項的低領服永遠討人喜歡，而且，我通常也會讓女人露出腿部。」性感女星Mireille Darc，在導演依夫．侯貝（Yves Robert）的電影《穿黑鞋的金髮男》（*Le Grand Blond avec une Chaussure Noire*）中所穿的一件洋裝，背部露到低得不能再低，就是他的傑作。我喜歡他對女人味和對細膩色感的看法（玫瑰紅、鮭魚紅、桔黃、海棠紅），不過對他認識不多。

他是一位彬彬有禮的男士，並且熱愛自己的工作。女歌手Régine有一次對我坦言：「好幾年前我買的Guy Laroche洋裝到現在都還在穿，因為那些衣服超越時間，永遠不會過時。」

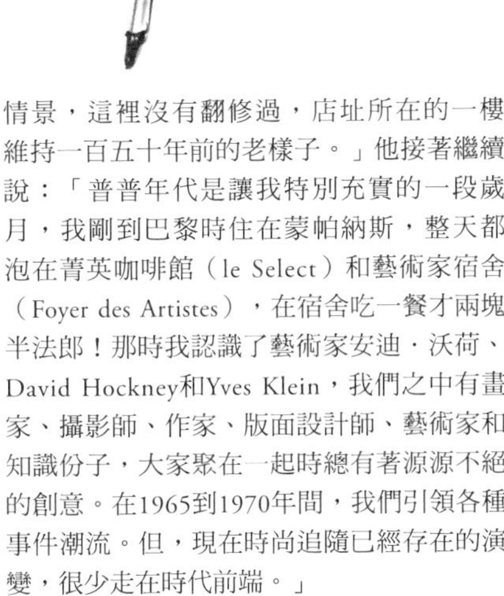

「衣服是第二層皮膚, 可以是積極的、挑逗的, 容許各種瘋狂念頭, 尤其是晚禮服。」

Emanuel Ungaro

艾曼紐埃・恩嘉洛

用時尚讚頌女人味

生於法國｜1933-

1 色彩鮮艷大膽的女人味設計

2. 65至70年代與藝術家共同引領時潮

「我對女性時尚的想法很地中海式，我藉由時尚讚頌女性特質。為了讓自己美麗而穿衣打扮，其實顯示出對別人的慷慨。人怎麼穿，服裝就怎麼影響舉止風度，它是第二層皮膚，可以是積極決斷的、挑逗的、放鬆的，而且容許各種瘋狂念頭，尤其是晚禮服。」

1968年，我首次出席Emanuel Ungaro的服裝秀，坐在他精品店走道的一張小凳子上。「我永遠忘不了自己公司在蒙田大道的開幕情景，這裡沒有翻修過，店址所在的一樓維持一百五十年前的老樣子。」他接著繼續說：「普普年代是讓我特別充實的一段歲月，我剛到巴黎時住在蒙帕納斯，整天都泡在菁英咖啡館（le Select）和藝術家宿舍（Foyer des Artistes），在宿舍吃一餐才兩塊半法郎！那時我認識了藝術家安迪・沃荷、David Hockney和Yves Klein，我們之中有畫家、攝影師、作家、版面設計師、藝術家和知識份子，大家聚在一起時總有著源源不絕的創意。在1965到1970年間，我們引領各種事件潮流。但，現在時尚追隨已經存在的演變，很少走在時代前端。」

大師於2004年退休，在極簡主義當紅的1990年代，當他成為唯一一位（以及Christian Lacroix）讓迷人的模特兒穿上鮮艷色彩、曲線畢露的貼身服裝，走上伸展台的設計師時，他是怎麼看待自己的作品？「極簡主義讓一切都變得很相似，我則繼續做我喜歡的——裝扮女人的身體。不過做自己是需要勇氣的。」

Emanuelungaro.

Paco Rabanne Hiver

Paco Rabanne

帕可・拉巴納
活用材質的奇感設計

生於西班牙 | 1934-

1 建築師背景

2 大膽運用金屬、塑膠等奇特材質

Paco Rabanne的父親是西班牙共和國將軍，在西班牙內戰期間遭槍擊身亡，於是他和家人移居法國，進入巴黎美術學校研讀建築。他為庭園設計的一座雕塑式建築，於1963年在現代美術館展示，廣獲好評。為了謀生，他法國鞋履名牌Charles Jourdan畫模型圖，也畫包款模型，就這樣誤打誤撞進入了時尚界。

他的手非常巧，常運用意想不到的材質創造出奇特配飾，像用細麵或種子做成的鈕扣，他也為Hubert de Givenchy、Cardin及Balenciaga設計刺繡圖案。設計師如Gérard Pipart、Emmanuelle Khanh、Christiane Bailly與Michèle Rosier也委託他製作服裝秀的配飾，讓媒體注意到他以塑膠或彩色人造琥珀做成的首飾，才華洋溢擁有無窮創意的Paco Rabanne開始成名。一年後，他在西班牙香水製造商Puig的資助之下，得以將新概念的時尚發揮得淋漓盡致，從給法國歌手Françoise Hardy穿的第一件鑲鑽金片小洋裝開始，Paco持續運用各種不同材質（無論貴重與否）實踐他的想像力。

1967年，在他剛於貝爾傑爾街開幕的服裝店裡，我第一次遇見他。店內的裝潢全採黑色，而我們坐的是汽車座椅，充滿創意的設計令人讚嘆不已。他是一名偉大的藝術家，還擁有說書人的非凡口才，講起自己不同世（！）的故事，就跟他預言世界末日一樣精彩。我想起有次為了替他的香水命名，在巴黎Trocadéro舉辦的晚餐，整晚他都在講年輕時在法老王宮殿的故事，眾人皆聽得如癡如醉。

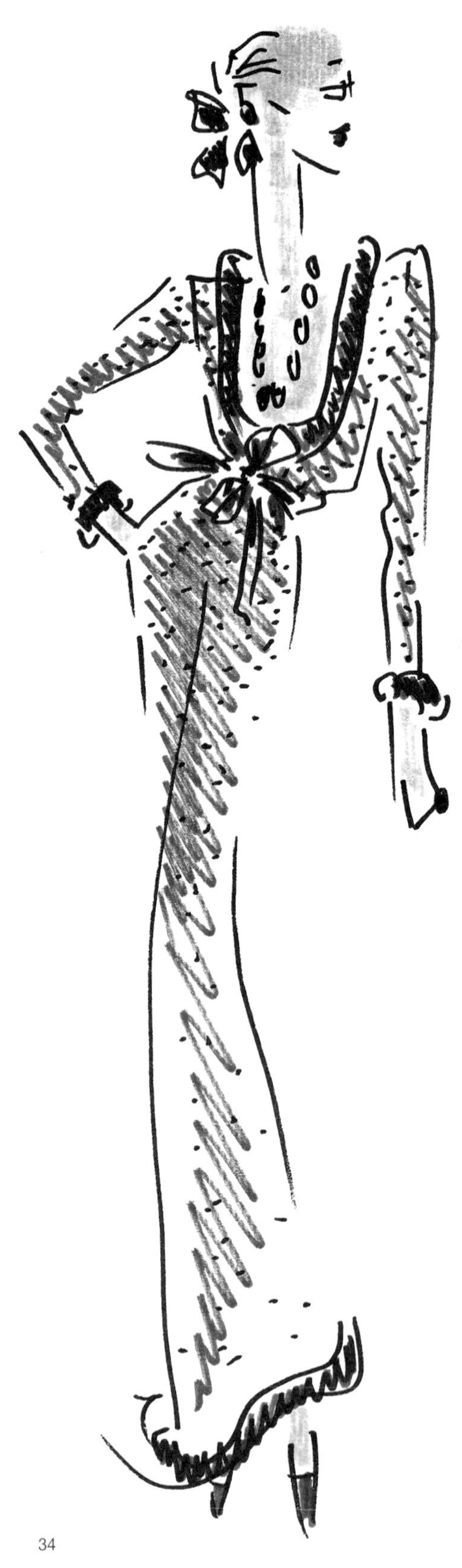

Hubert de Givenchy

于貝・紀梵希
優雅的經典代名詞

生於法國｜1927-

1 為奧黛麗・赫本設計服裝影響60至70年代時尚風格
2 風格古典優雅，造型細節創新
3 經典設計：漏斗領、纏裹洋裝、無袖洋裝、褲裙式連身洋裝

他為銀幕上的奧黛麗・赫本所設計的服裝（《甜姊兒》、《第凡內早餐》、《謎中謎》、《偷龍轉鳳》）影響了1960至1970年代的時裝風格，一直到1990年代都還領導潮流。他的風格古典，卻能在造型和細節上創新，因而成為他的服裝特色，像他在1958年設計的漏斗領、1960年率先推出水貂皮襯裡的毛皮大衣、1966年纏裹身形的洋裝、1969年的胸罩新品、1970至71年的無袖洋裝，以及最先推出的褲裙式連身洋裝，都是他的經典設計。他後來的緊身洋裝、宮廷式洋裝、

他為銀幕上的奧黛麗·赫本所設計的服裝，影響了1960至1970年代的時裝風格，一直到1990年代都還領導潮流。

精巧女衫、貼合身體卻無礙行動的小尺碼服裝，以及所採用的特殊布料，都使Hubert de Givenchy成為能同時代表女人味和世故優雅的服裝設計師。

他跟我的約會訂的很早，上午八點於喬治五世大道3號的Givenchy店址碰面，全名為Hubert James Taffin de Givenchy的他精神抖擻，穿著一件白上衣，雙眼炯炯有神，正在準備倒數第二場服裝秀。但在掌領品牌的最後幾年當中，他已經不再是服裝界的明星。換班時間到了，這位時裝界的紳士曾打扮過所有女性，從初入社交界的少女到富豪遺孀，從不知名的有錢人到明星……他對自己面臨的處境一定很難受，以他名字命名的時尚王國（服裝、香水、化妝品）繼續發展，但從此以後卻沒有他。

1995年起，設計師John Galliano、Alexander McQueen、Julian MacDonald、Riccardo Tisci四人陸續接替他操刀，但看起來似乎只有最後一位瞭解他的風格，在掛上Givenchy衣標的設計，能夠尊重這位「偉大時裝人物」對服裝的敏銳感性。Givenchy是完美主義者，他覺得我手上現有的草圖不太符合當今品味，堅持要重新畫自己的設計手稿。

Pierre Cardin

皮爾・卡登

重塑時尚身型的大師

生於義大利｜1922-

1 60年代未來主義風潮帶領者
2 設計男裝與女裝
3 首創設計師服飾成衣化概念
4 授權商品逾五百項
5 跨足室內設計、餐廳、旅館業
6 2006年創辦個人博物館

他為時尚帶來新的身型。白天，是直身寬肩短大衣配窄筒褲和靴子；晚上，他讓女人變成「珠寶盒女郎」，以一個褶襇、輕薄光滑的蝴蝶結或一道不對稱線條為幾何造型收邊。男裝就更不用說了，畢竟哪個男人不想穿上他的外套呢？從畫草圖到剪裁縫製，Pierre Cardin跟Azzedine Alaïa一樣，都是能用雙手做出一整件衣服的設計師。Jean-Paul Gaultier自詡為他的門生，也是唯一一位向他致敬的設計師。

1971年，他受邀參加法國里昂機場的破土典禮，帶了一些時尚記者過去，他最愛的模特兒群身穿卡登式衣服簇擁左右。他發表了一場半小時的精彩演說，完全沒看稿，敘述他身為義大利移民的童年時光，還有他從十四歲開始在法國中部聖艾提安市一家裁縫店當學徒的經歷……從頭到尾，卡登皆以熱情的口吻談論時尚、職業與成就。他的熱忱充滿了感染力，搶走了所有模特兒的風采。

他為時尚帶來新的身型。
以一個褶襇、輕薄光滑的蝴蝶結
或一道不對稱線條為幾何造型收邊。

**「今天出人意料，
明日已不再令人驚奇，永遠如此。」**

1990年，巴黎市政府為了慶祝高級訂製服時裝週圓滿落幕，舉辦了一場晚宴，席間，他流露的出眾智慧更令我印象深刻。聽他對席哈克市長敘述「他的」中國，真是無上享受。當時他的看法已經非常切中現實，特別是關於當中國向西方世界開放，為數眾多的勞動力勢將成為古老歐洲大陸的競爭對手……

他的簽名出現在五百四十項不同的授權商品，並試圖跨足室內設計、餐廳、旅館業，最後一項奇想行動是買下曾屬薩德侯爵所有的城堡——位於普羅旺斯的拉寇斯特（Lacoste）[1]，每年夏天他都會在那裡辦音樂節。2006年，這位影響了整個世代設計師的人物，在巴黎郊區的聖圖安創辦了自己的博物館，從1955年設計的第一件褶襉大衣、配件，到1980年代的加圓箍洋裝……邀請我們回顧他的未來主義。他的服裝、家具、家飾品當時已經非常前衛，現在也一樣。

「今日出人意料的東西，明天已經不再令人驚奇。永遠如此。」我在他家裡吃晚飯時，聽他作此表示，他家……指的是美心餐廳（Maxim's）[2]。

1 皮爾・卡登將Lacoste小村裡的老屋一一買下，其中最大的產業就是立在山頭的薩德侯爵古堡（Marquis de Sade），皮爾卡登買下後將其改名為Chateau de Lacoste。
2 美心餐廳的全名為Maxim de Paris，有「巴黎神廟」之稱的它，創立於1893年，於1981年由皮爾卡登集團買下。

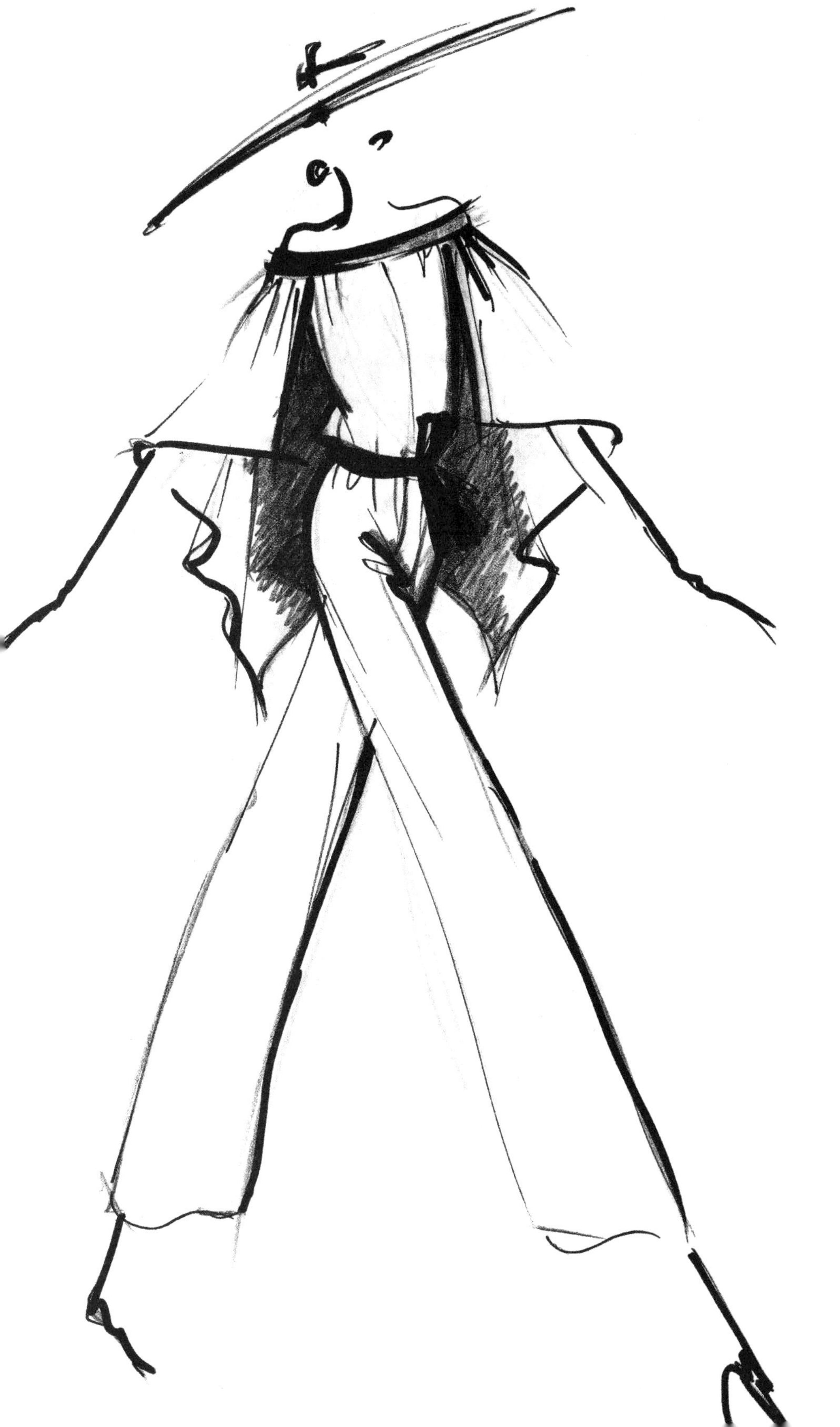

流行風格百花齊放

道德解放的年代，
給身體全新的自由

1970年代是道德精神解放的象徵，
無論在社會和思維上
都帶來深刻的轉變。
女性的形象改變了，
穿著上擺脫了傳統習俗的枷鎖，
身體展現全新的行動自由。

la mode jeune devient une industrie

1970

圖左Marc Bohan繪、圖右Per Spook繪

une époque de profondes mutations

70

Trend

1 Diane von Furstenberg一片式開襟針織洋裝從美國紅遍全球
2 花卉圖案與刺繡的異國服飾熱賣
3 Jacqueline Jacobson展示短褲配背心、襪套引爆跟風
4 David Hamilton開創田園牧歌式新時裝影像風格
5 Didier Grumbach創辦第一家前衛時尚潮店「設計師與工業」
6 女性時尚雜誌扮演推波助瀾的重要角色
7 Sonia Rykiel以緊身毛衣與正面縫線的針織裝化身時裝新繆思
8 與時代同步的女性設計師出頭
9 Laura Ashley以小花朵印花走紅
10 Upla概念店的漁用袋包款熱賣
11 十八歲的Michel Klein開店以成衣價提供訂作服務
12 Yves Saint Laurent「解放」系列震撼媒體

Keyword

嬉皮風、異國風、短褲、厚底鞋、印花圖案

流行風潮——嬉皮民俗風

1970年代是道德精神解放的象徵，無論在社會和思維上都帶來深刻的轉變。女性的形象改變了，穿著上擺脫了傳統習俗的枷鎖，身體展現全新的行動自由。這一波改變透過音樂預告世人，1969年8月在紐約舉辦的伍茲塔克音樂節，使全球各地的嬉皮得以齊聚一堂。那些無法親臨現場的男男女女（就像我！），把Michael Wadleigh[1]的電影看上好幾回，現在看來，這還是一部特別的紀錄片，見證了流行音樂以及美國嬉皮文化時代的誕生。這也是我的年代，流行時尚百花齊放。

年輕人爆發出難以置信的能量。未來時尚風格照片女教皇Melka Treanton[2]表示：「她們很時髦，決定自己要什麼，因為避孕藥的出現所以能自由享受性愛。」宣稱「只要做愛不要戰爭」的「花的力量」（flower power），在越戰期間席捲全球，充滿異國風情的喀布爾、加德滿都、果阿是夢想之地，人們對異國服飾著了迷：阿富汗式背心、墨西哥式服裝、長洋裝和印度風襯衫、及臀寬鬆上衣和北非連帽長袍，每一種都佈滿花卉圖案和刺繡。我跟攝影師John Bishop[3]以及當時的明星模特兒Bernadette一起到耶路撒冷作報導時，穿的就是長裙、木鞋和阿富汗式背心，回程時則穿了一件科普特袍子，裙腰處有十字刺繡。二十五年後，袍子進了流行與服飾博物館（Musée Galliera），跟我許多衣服的命運一樣。1970年，模特兒Lothar與牙醫Philippe Salvet兩人轉行時尚業，引進霍加爾（Hoggar）——男人穿的藍棉布。Diane von Furstenberg則在紐約推出一片式開襟針織洋裝，超越國界引爆風潮（九〇年代的古着風又讓它重新翻紅）。1970年9月，人們穿起短褲，再也不想脫掉了！《Elle》雜誌將這副打扮稱為「性感的七〇年代」。Dorothée Bis

Yves Saint Laurent繪

時尚應該要衝撞，
不然就談不上創作。
到了西元2000年後，
我想我們會活在全球化的世界，
有才華的設計師遊走各地，
穿梭於訂製服和成衣之間。
————Didier Grumbach

設計師Jacqueline Jacobson回憶道：「當我展示短褲配背心和襪套時，絕大部分記者都斬釘截鐵說：『我們不能這樣穿啦！』之後，有一張照片登上媒體，接下來滿街跟風……因為每個女孩都穿上了短褲！」

品牌趨勢——前衛潮店誕生

翌年，巴黎舊中央市場和巴爾達街的幾座商場被拆除，教人特別惋惜。設計師旋即決定在工程留下的凹陷大窟窿周圍搭帳篷走秀，那些模特兒中，像金．貝辛格、Dayle Haddon、和Andie MacDowell都成了未來的明星。攝影師David Hamilton[4]找了幾個非常年輕的女孩在田園牧歌般的背景中拍照，創造出新的影像風格。高級成衣和設計師協會的未來主席Didier Grumbach，創辦了一個與眾不同的商店——「設計師與工業」（Créateurs et Industriels），這是第一個結合了藝廊、展示場和商店的地方。他很驕傲地說：「它就是當年的巴黎Colette潮店。」他的前衛概念讓年輕設計師得以與工業結盟，擁有成功的機會，雖然大部份的設計師沒沒無名，但像三宅一生、Thierry Mugler、Emmanuelle Khanh、Jean-Charles de Castelbajac這幾位未來的大師，也曾在此編織他們對時尚的夢想，這些人的服裝風格介於傳統成衣服飾與高級訂製服之間。而這也是時尚首度與藝術及家具、家飾品結合，像Ossie Clark、Marc Held、Andrée Putman[5]等人的作品便是。

早在1963年，二十六歲的Didier Grumbach就接掌祖父Cerf Mendès France創辦的家族企業，並以前瞻性眼光，專門製造豪華成衣，如品牌Ungaro、Valentino、Givenchy、Chanel，以及掛牌Saint Laurent Rive Gauche的

70

新的設計師推陳出新，
先是Hubert de Givenchy、
Marc Bohan推動浪潮，再加上新秀
Per Spook等人。
1971年，YSL的解放系列，
那是時尚第一次如此令人情緒激昂。

Kenzo繪

某一服裝線。後來他被任命為Thierry Mugler的總裁，並推出高級訂製服。「時尚創作者曾經追隨或取代訂製服設計師，而現在的服裝創作又重新回到這個領域。」他在某次服裝秀對我解釋道：「時尚應該要衝撞，不然就談不上創作。到了西元2000年後，我想我們會活在全球化的世界，有才華的設計師遊走各地，穿梭於訂製服和成衣之間。」現在想想，他那時真是先知灼見啊……

時尚名人——年輕勢力當道

1971年，幾位從事服裝設計多年的新設計師受到認可，他們是由Robert Piguet、Lucien Lelong、Molyneux、Pierre Balmain、Cristobal Balenciaga或Christian Dior等「大師」帶出來的人，是Hubert de Givenchy、Jean-Louis Scherrer、Marc Bohan、Erik Mortensen等人的年代，他們推出自己的品牌，並且透過明星或有錢的顧客們來傳遞訂製服的風采。刊登

在雜誌《Paris Match》、《Elle》、《美麗佳人》和《Jours de France》上的照片，是裁縫師的靈感來源，女人迷戀這股年輕摩登的時尚，而流行也漸漸隨著它的顧客「變老」。

1972年耶誕節，人們爭購以盧勒克斯金屬紗（lurex）縫製、裙擺成傘狀的節慶洋裝，或者搶購Dorothée Bis推出的黑底繡鮮艷圓點洋裝，十二公分高的厚底鞋讓大家趨之若鶩，特別是扣在腳踝的款式，除此之外還有冬季當紅的山羊皮外套……

女性設計師大放異彩

隔年流行的是緊身毛衣與縫線車在正面的平紋針織裝。Sonia Rykiel以她自己為靈感，創造了新的服裝身型。在她位於葛內勒街的新時裝店，人們擠成一團，只為了看新繆思的服裝秀，而Sonia以一副超級「美麗壞女人」的嗓音朗誦她的詩句，向我們傾訴靈魂。她忠實的朋友Karl Lagerfeld，年輕、清瘦、眼神柔和，在年輕的Nathalie Rykiel介紹母親的服裝時大聲鼓掌。未來，Sonia成了少數的幸運兒，還在參議院橘園為她二十五年的服裝創作舉辦特展。

1970年代的流行時尚，讓許多女性設計師得以發聲，她們從哪裡來的？有新聞界的Michèle Rosier，不過1972年她就棄時尚改從事電影業了。有從模特兒圈來的，像Emmanuelle Khanh在推出創作的同年成立品牌，以及眾多時尚專業人士的指標——Christiane Bailly，兩人都是從Balenciaga的服裝展示間起步。還有來自平面繪畫背景的，譬如年輕的德國人Renata，擁有杜塞道夫美術學院學位，在成為設計師之前，幫《Elle》雜誌畫時尚插圖。這些人都構思出與時代風格同步又生氣蓬勃的服裝創作。

相反地，龐畢度總統的參事Marie-France Garaud[6]的招牌髮髻和珍珠項鍊可沒有走上街頭！一年後，英國人Laura Ashley的小花朵贏得勝利，我自己就穿了一件她的印花長洋裝，花卉圖案是一片和諧悅目的藍……當時流行的是「Upla」店裡賣的包包，靈感來自漁用袋，Upla算是1970年代版的概念店。

十八歲的年輕設計師Michel Klein，在他開的店「Toiles」推出量身訂作服裝的服務，但只收成衣的價錢。他非常有天份，在三年前就曾將印花圖案跟鞋子的設計創意賣給Yves Saint Laurent。

新的設計師們推陳出新，令人激賞。那個時代的年輕時尚是由Hubert de Givenchy、Marc Bohan及Gérard Pipart推動創造，或者再加上較小咖的新秀如Jean-Louis Scherrer和Per Spook等人。1971年，我看到Yves Saint Laurent的「解放」系列，那是時尚第一次令我如此情緒激昂。

1　Michael Wadleigh於1970年三月推出的伍茲塔克同名紀錄片《Woodstock》，完整紀錄了為期三天的音樂祭。

2　Melka Treanton是《Elle》雜誌時尚編輯，大力支持新一代年輕設計師，諸如Gaultier、Mugler、Alaïa、Montana、Véronique Leroy等人，革新時尚產業的廣告活動方式，2002年去世。

3　英籍攝影師John Bishop，往來英、美、法三地，時尚攝影生涯在1970年代達到巔峰，與許多知名品牌及主流時尚雜誌合作。

4　英籍攝影師David Hamilton曾任法國《Elle》雜誌平面設計師及春天百貨藝術總監，其攝影以夢幻、粒面的柔焦風格奠定名聲，照片出現在眾多雜誌，常以裸體少女為拍攝對象。

5　Ossie Clark為1960至70年代重要英倫服裝設計師。Marc Held為1970年代備受肯定的法籍設計師兼建築師。Andrée Putman為當代享譽國際的法籍室內設計師，曾為Yves St. Laurent、Karl Lagerfeld、Thierry Mugler等品牌設計店面，首開精品旅館設計風潮。

6　法國知名女性政治人物Marie-France Garaud，曾被1973年11月份的一期新聞週刊雜誌喻為「法國最有權勢的女性」。

Kenzo

高田賢三

在巴黎綻放的東方花朵

生於日本｜1939-

1 第一位成功進軍法國的日本設計師
2 印花圖案、對比色構成的民俗風
3 唯一在日本傳統與歐洲精神之間找到折衷的日本服裝設計師
4 2004年推出餐具生活品牌Gokan Kobo
5 2005年新創年輕化的時裝品牌Kenzo Takada

1970年，我在薇薇安拱廊街一間名為「Jap」的服裝店裡，看見很幾件很不一樣的印花洋裝，在一片頗富盧梭畫風的背景中，綻放著過去從未在巴黎出現的花朵圖案，創作者署名Kenzo。對花卉的狂熱和花束傳統混合印花圖案（緹花、格子、條紋）、對比色（大量運用在他的服裝，包括和服外套「羽織」的翻領內面）、混雜秘魯、墨西哥、北歐的民俗風，在在構成他所承襲的文化特色。他是唯一一位在東方與西方、在日本傳統與古老的歐洲精神之間，找到折衷之道的日本服裝設計師。

我於1980年訪問他，卻聽不懂他說的半個字——因為他的日本口音一直沒變。數年後，他想要「向曾助他成功的人、事、地致意」，於是邀請少數幾位記者陪同他返回日本。在八天當中，我們參訪了「他的」日本：大阪、京都、東京以及其出生地姬路市，當地適逢明治維新（1868至1912年間日本對外開放改革）週年紀念與Kenzo的慶祝活動，這項大型回顧展吸引了數千人參加，並舉行了一場盛大的服裝秀，展示他過去二十五年來的創作。回到法國後，Kenzo先生邀請我們到他位於巴黎十一區的住家晚餐，他的屋子走日式風格，還有禪風小花園及傳統餐廳，但在日式的氛圍下，卻也有著西式的實用性：座席在地面挖了一個坑讓腳方便伸展。「我很能領略西方的舒適」，他開玩笑地對我說……而且日本口音依舊沒變。

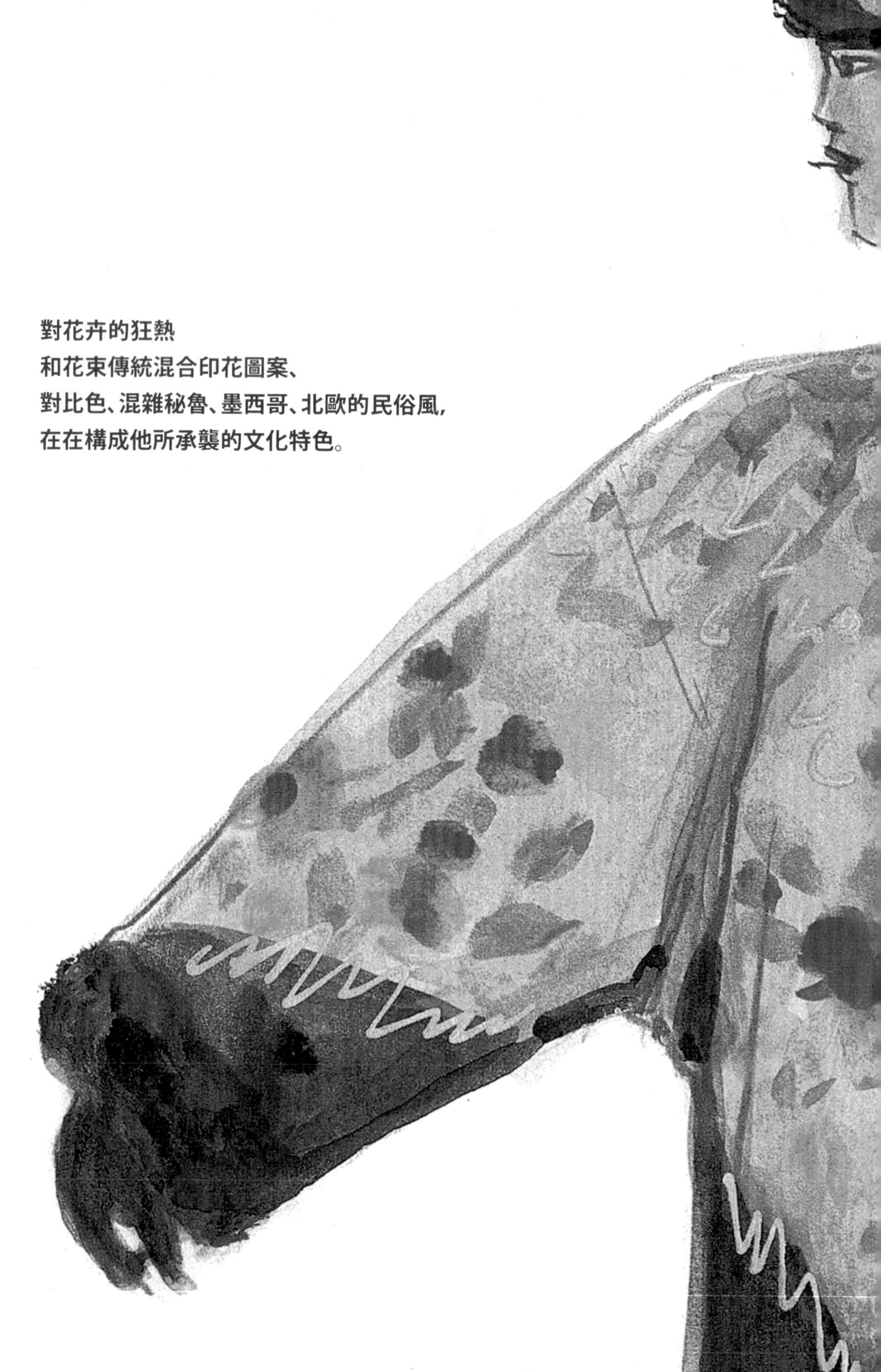

對花卉的狂熱
和花束傳統混合印花圖案、
對比色、混雜秘魯、墨西哥、北歐的民俗風，
在在構成他所承襲的文化特色。

1999年，LVMH集團買下他的品牌，Kenzo於巴黎澤尼斯劇院（Zénith），為三十年的服裝創作生涯舉辦一場令人難忘的慶祝會，在會中宣佈告別時尚。

2004年，他以餐具生活品牌「Gokan Kobo」重出江湖，推出能帶來幸福感的美好生活用品系列。2005年，他以全名Kenzo Takada為品牌，創作新服裝線，風格年輕化。原品牌Kenzo仍舊掛他的名字，不過現在改由義大利人Antonio Marras負責設計，他才華洋溢，能夠重現Kenzo早期創作的時代氛圍。

Erik Mortensen

艾瑞克·莫爾當森

華美的低調奢華

生於丹麥｜1926-1998

1 從未自創品牌

2 曾先後接掌Pierre Balmain、Scherrer等品牌

3 風格低調奢華卻飽含戲劇性

伊莉莎白·泰勒、英格麗·褒曼、蘇菲亞·羅蘭……這些最偉大的明星都穿他設計的衣服，但是一般大眾，有誰知道Erik Mortensen呢？因為他一直在Pierre Balmain工作，當過他的助理，後來又擔任成衣線藝術總監，卻從來不曾創立屬於他自己的品牌。1960年起，他在設計師Pierre Balmain的高級訂製服工坊當助手，1982年設計師過世，由Erik Mortensen接掌品牌，充分繼承品牌風格。到了1992年，在Jean-Louis Scherrer從品牌Scherrer出走之後，他才負責設計該品牌的高級訂製服系列……

要為他的才華下定義，可以用奠基於富麗華美的低調奢華來形容。時間是1987年9月，我受邀參加一場露天時尚藝術節，我永遠記得一群黑衣身影走進Trocadéro花園小徑的景象。他的創作充滿戲劇性，十分壯觀，備受眾人讚譽。不過，這並未使他免於遭人取代的命運，年輕又有天份的Hervé Pierre於1991年進公司接替他的職務。

大風吹的策略今天依舊存在，所有的設計師都仰賴投資人，結果是投資人取得設計師名字所有權，再付錢請設計師工作，一旦雙方意見相左，設計師的姓氏便被剝奪了，品牌產品交由別人設計，繼續存在下去，從Jean-Louis Scherrer到Inès de la Fressange，類似例子不勝枚舉。一位服裝設計師，一個時尚創作者，是否真的不再適任了呢？品牌Jean-Louis Scherrer找來Bernard Perris、Erik Mortensen或Stéphane Rolland接掌設計，品牌Ungaro不見Ungaro，品牌Jil Sander沒有Jil Sander，而Yves Saint Laurent則換人設計……

伊莉莎白·泰勒、
英格麗·褒曼、蘇菲亞·羅蘭……
這些最偉大的明星都穿他設計的衣服。

Erik Mortensen

他是第一位發明中性服裝，
並且設計出日夜可穿的運動服。
十足男性化的吸煙裝
le smoking 掀起女裝革命！

Yves Saint Laurent

依夫．聖羅蘭

掀起時尚革命的不朽大師

生於阿爾及利亞｜1936-2008

1 帶動前衛現代風格的復古時尚
2 將高貴毛皮通俗化
3 首度將日常服裝引入奢華時尚殿堂
4 率先推出亮片水手條紋衣及透明服裝
5 第一位發明中性服裝的設計師
6 模特兒Verushka詮釋下的狩獵裝留下不朽形象
7 首創長褲套裝的吸煙裝以及吸煙洋裝掀起女裝革命
8 將俄國風、非洲風、藝術運動納入創作靈感的先驅

1971年，他著名的「解放」服裝系列走1940年代復古風格，短裙配厚底鞋和染色毛皮的造型引發眾議，整個系列的妝容光燦搶眼（數年後出現在他的化妝品線）。包頭巾的模特兒雙頰凹陷，穿著色彩鮮艷或黑白的迷你裙，貼身服裝的身型宣告回歸女性優雅線條，黑色的下半身蹬著一雙非常高的高跟鞋，皺褶洋裝或洋裝邊飾鑲褶，肩部以墊肩加高，尖領低胸，袖長及肘，肩上披著染成綠色的毛皮長披肩或小披風……他甚至還把高貴的毛皮通俗化。他的訂製服精品店位於思彭堤尼街（裝潢採皮革簾幕，有著玻璃桌和卡西納的椅子）。這次推出的前衛設計實在太不尋常了，令我大受震驚，說不上來是喜愛還是厭惡，不過力表反對的「時尚女教皇」編輯們則是一片憤慨。

可是，設計師才剛剛帶起「復古時尚」的現代風格，在此之前，他也是首位讓日常服裝變身奢華而永不褪流行的人：打從1962年起，他就把厚呢短大衣與磨坊工人襯衫成功推上伸展台。接著推出的是以緞料、絲質、金色皮革和防水面料裁製而成的風衣。1966年，他使用亮片設計出水手條紋毛衣，但很快就被大家遺忘（不過後來為另一個設計師採用），因為他又同時率先推出透明服裝，造成極大震撼！這雖然是一款可以穿去吃晚餐的細薄棉布襯衫，但上半身卻依稀可見。

他想像出雌雄同體的風格，於是從1966年起，長褲便成為所有衣服的主角。兩年後，藉著搭配絲緞襯衫，他讓長褲套裝變得女性化。他也是第一位發明中性服裝，並且設計出日夜可穿的運動服。同樣在1968年，著名模特兒Verushka賦予狩獵裝永垂不朽的形象，衣服胸前繫帶，紮上環式腰鍊，搭配黑色齊膝短褲。十足男性化的吸煙裝（le smoking）掀起女裝革命！我還記得Françoise Hardy那時拍的照片，她穿著吸煙裝，在當年的明星攝影師鏡頭前擺姿勢，並立刻決定在奧林匹亞音樂廳的巡迴演唱會中穿上它。到了1970年夏天，長褲套裝的吸煙裝，成為從男性便袍演變來的「吸煙洋裝」（robe smoking），有長有短，我選擇穿短的，嬉皮們則穿上阿拉伯寬長袍或摩洛哥斗篷，揹背飾有金銀線花邊的包包。

當Yves Saint Laurent將俄國風（雙排扣高腰合身大衣、毛皮帽、及膝長靴）以及非洲民俗風（在酒椰纖維與亞麻布上縫繡小木珠和馬賽族藍玻璃珠）納入創作，或者自藝術運動汲取靈感時，都居先驅地位。藝術無疑替他的服裝設計帶來許多了不起的靈感，1965年，為了向荷蘭藝術家蒙德里安致敬，他將其畫作重現於針織直身洋裝。翌年的普普藝術服裝系列，可以看到安迪．沃荷的名人海報創作。他也愛好畫家畢卡索、米羅、馬諦斯、哥雅或Gainsborough的作品，以及尚．考克多的外套、梵谷的鳶尾花與向日葵，和布拉克的鴿子……2002年1月，Yves Saint Laurent退出時尚舞台，在龐畢度中心舉辦了一場告別典禮，我在《費加洛仕女》雜誌寫了一篇文章向他致敬。幾年後他過世，讓許多人都傷心不已。

Cout

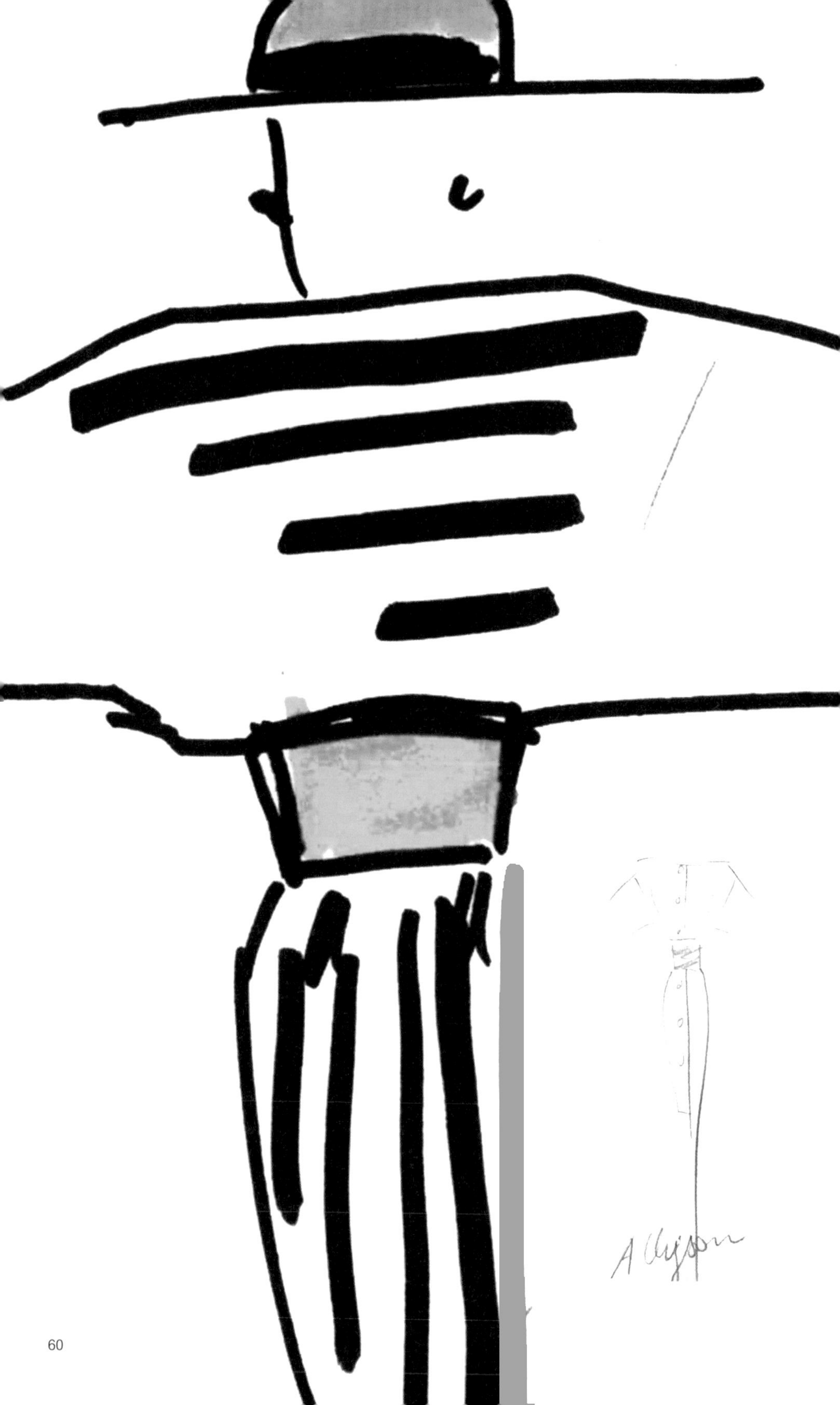

「我創作的時候會想著特定的女性友人，
款式就一點一滴逐漸成形。」

Marc Bohan

馬克・博昂

Dior女裝的第三代繼承人

生於法國｜1926-

1 繼聖羅蘭之後接手Christian Dior女裝

2 擔任Dior藝術總監近三十年

3. 為法國女歌手Sylvie Vartan創作著名的「鴿子洋裝」

他從Patou、Robert Piguet與Molyneux的工作室發跡，然後成立自己的公司，不過壽命短暫。1960年他被任命為Christian Dior女裝藝術總監。

1981年，為了替《費加洛雜誌》寫一篇採訪報導，我在他的陪同下，花了一整天的時間，參觀高級訂製服的製作過程。他的白上衣鈕扣扣得整整齊齊，下搭灰色法蘭絨長褲，他大部分的時間都耗在創作工作室和蒙田大道隔音的試衣間裡：「看著設計款式抓住情境慢慢演變是非常重要的事，我創作的時候會想著特定的女性友人，款式就一點一滴逐漸成形。不過，我不喜歡把自己關在一種特定的風格裡，不管是拘泥在令人眼睛一亮的誇張效果或是復古造型都不是我的理念。訂製服基本上跟成衣沒兩樣，但是更不簡單，而且你還要同時考慮到品牌，畢竟我是在Dior的標籤底下做Bohan的東西。」

他是個要求嚴苛的人，替許多重要的女性政治人物以及明星作造型，例如蘇菲雅．羅蘭、Sylvie Vartan，還有一批死忠女性顧客親臨蒙田大道，只為了找一件能完美吻合她們生活風格的洋裝或套裝。1980年，Sylvie Vartan啟發他創作出全黑滾大白領的知名「鴿子」洋裝（robe Colombine）。在各個工坊間參觀之際，讓我發現了這些名女人的「替身模特兒」，Marc Bohan依她們的身材量身塑模，無論是上半身瘦小、臀部圓胖、身形修長或豐滿，我對照著模特兒上頭的本尊名字，看得不亦樂乎……

Marc於1989年離開Dior，由Gianfranco Ferré取而代之。在他離開前不久，我們才在紐約度了個刺激的週末，他帶我去看他為芭蕾舞劇《鳥》（Les Oiseaux）所設計的舞台服裝，那是一場在紐約市立圖書館的慈善演出。

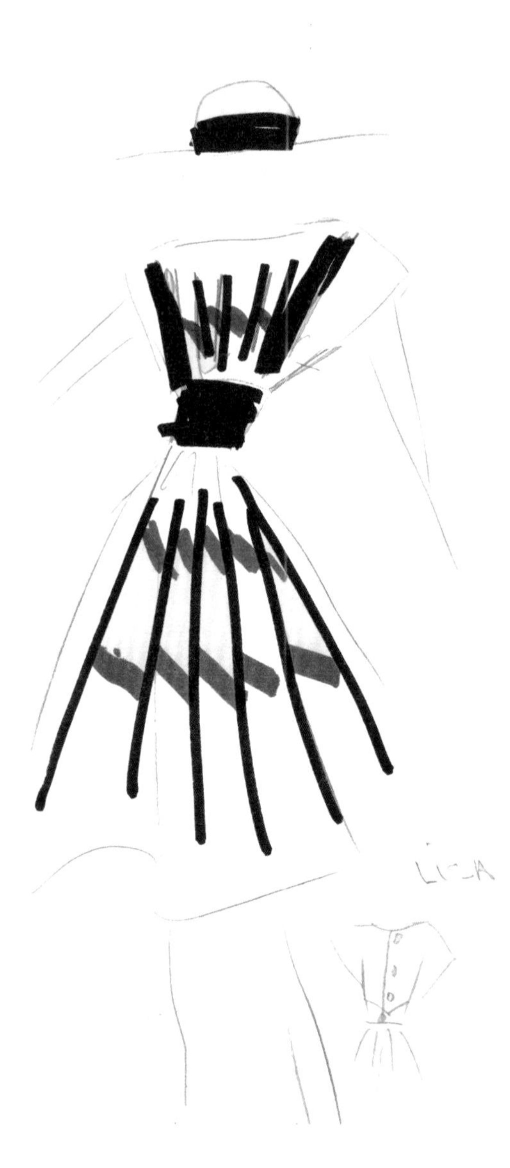

他替許多重要的女性政治人物以及明星作造型，還有一批死忠女性顧客，只為了找一件能完美吻合她們生活風格的洋裝或套裝。

Marithé et François Girbaud

瑪麗黛與弗朗索瓦·吉爾波

牛仔與皮衣時尚的代名詞

Marithé Girbaud 生於法國｜1942-
François Girbaud 生於法國｜1945-

1 服裝設計夫妻檔
2 以牛仔褲及皮衣設計著稱
3 持續實驗材質處理技術
4 推出石洗牛仔褲大獲成功
5 設計超大牛仔褲為垮褲始祖

圈內人叫他們「Les Girbaud」（吉爾波們），這一對夫婦很快就將他們的名字連上牛仔褲及皮衣設計，並且在往後進行一場持續超過三十年的偉大開拓歷程。他們擴增品牌：Ça（這）、Drôles de choses pour drôles de gens（怪人奇物）、Matricule 11.342（註冊11.342）……

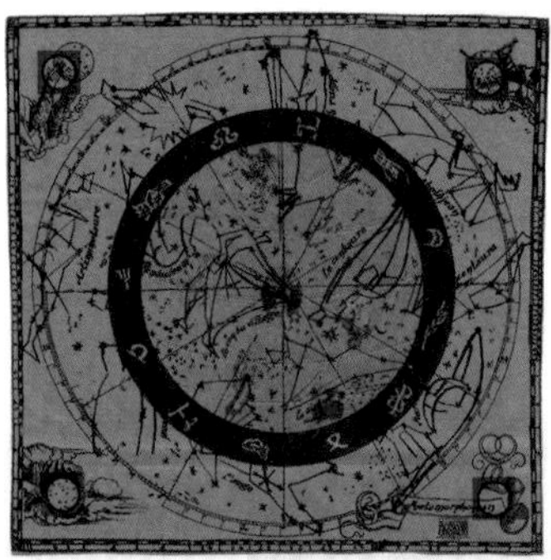

一天，François Girbaud向我展示一件牛仔褲，他的得意之作──「一項里程碑」。一條超大的牛仔褲，有大口袋和舒適的褲檔，這便是垮褲的始祖，後來在全世界引起風潮，大受歡迎。

他們的牛仔褲很多樣化：緊身的、貼身的、符合人體工學的、裝飾的褲腰、口袋或有或無、傳統打褶款、寬大版、黑色、靛藍或淡藍（石洗大獲成功，經漂洗磨損到如同第二層皮膚）。對於皮革，他們一樣嘗試各種變化：揉皺、漂淡、上油、鋸齒狀裁剪……他們的市場極大，包括好幾個歐洲國家、美國或墨西哥等等，不過兩人始終保有個人特色，講話也還留著馬札梅（Mazamet）的地方口音。他們的服裝總是營造出超越時空的時髦感。

884
ORIGIN
Ref. 8400 198
FABRICS
Indigo 13 3/4
Indigo 12 - Sa
Indigo 14 3/4
Barely Blue
Black Denim
Blue Black 14
CHARAC
4-Pocket pant
Thread N° 70
Side assembly
Zippered fly
2- Button belt
1 Logo belt
1 Inner tab.
Displaced loop
Sacrum cut in
Large patch p
the three diff
910
ORIGIN
Marithé and Fr
Ref. 9276 - Sur
Alla Palma
FABRICS
Indigo 13 3/4
Indigo 14 3/4
Black 13 3/4
CHARAC
6-Pockets over
Thread N° 50
Side assembly
1.5 cm hem
Zippered fly
"Frankenstein
Extra-small su
Suspender clip

la femme
1925

Karl Lagerfeld

卡爾・拉格斐爾

多才多藝的時尚超級巨星

生於德國｜1938-

1 70年代擔任Chloé服裝設計師

2 Chanel高級訂製服、成衣與配件的藝術總監1983迄今

3 同時為自創品牌及Fendi設計服裝

4 曾與零售成衣品牌H&M、Diesel等跨界合作

5 寫書並經營藝廊、書店、出版社，亦為知名攝影師

他是時尚界的巨星，多才多藝，偏好可以全權作主的合作方式，在不同服裝品牌實踐他的才華。1970年代，他為Gaby Aghion設計Chloé的服裝，獲得時尚媒體一致肯定。如今，該用哪些辭語來形容他為Chanel所作的一切呢？從1983年起，他便擔任Chanel高級訂製服、成衣與配件的藝術總監，擴增不同系列，以他無以倫比的天份讓風格與時並進，同時還為品牌Fendi、Lagerfeld Gallery、K設計服裝，或者跟品牌Wolford、H&M、Diesel跨界合作……

我會永遠記得我們的第一次見面，房間內的窗簾被拉上，呈半昏暗狀態，接見我的他滿臉悲戚，然而他很快就讓我輕鬆下來。後來我才知道，他剛為最好的朋友舉行完葬禮，在經歷深沈的悲傷之後，我是他接受的第一個訪問。

他無疑已在時尚界名垂青史，就像Worth、Poiret或Christian Dior留下他們的名聲一樣。

他受邀擔任《費加洛仕女》雜誌一期特別號的主編，我和Marie-Claire請他撰寫一篇文章，針對時尚和女性特質隨時代變遷而產生的轉變。在拍攝空檔，他信手拈來就是下筆精準的插畫與充滿幽默感的文字，令人為之欽佩。

不管是工作午餐、私人晚餐、採訪，或者是他在大學街的市區私宅所舉辦的瘋狂化妝舞會……隨著一季季時間過去，我看著他變成才華洋溢的知名攝影師，他無疑已在時尚界名垂青史，就像Worth、Poiret或Christian Dior留下他們的名聲一樣。我們曾是很麻吉的朋友，他可以非常體貼，又很滑稽，但在反駁與他想法不同，或他不喜歡的人時，總是會用酸溜溜的幽默或帶點惡毒的口氣說話。

Karl睡得很少，而且總在夜間回覆郵件。1987年他帶我參觀臥室，開玩笑說那是他的書房，難道他就是坐在自己十八世紀的床上寫信嗎？後來，他在蒙地卡羅的公寓招待我，屋子現代感十足，走孟菲斯（Memphis）風格（對他來說是「二十世紀的裝飾藝術」），但是這樣的裝潢跟他一點都不搭軋。沒錯，他待在自己位於法國比亞里茲的別墅、布列塔尼的城堡或柏林的住家（連帶家具統統出售了），都會來得更舒適自在。現在他偏好待在紐約，或這裡那裡到處跑，居無定所。

為了塑造嶄新的前衛形象，也為了如他所說「能穿上Hedi Slimane的衣服」，他減重四十公斤，改變外型，選擇搖滾巨星的裝扮。在設計之餘，他決定寫書、經營藝廊、出版社和書店7 L，同時以精湛手法詮釋Chanel的符碼，改寫每一季的Chanel魅力，絕不重複。

Gilda
46

Bernard Perris

伯納・佩瑞斯
以純熟技巧更新古典風貌

生於法國｜1936-

1 曾擔任Dior設計師Marc Bohan助手
2 70年代初期開始設計豪華成衣
3 80年代始獲時尚專業人士肯定
4 以純熟技巧更新古典服裝風貌
5 90年代曾接掌Scherrer高級訂製服
6 遷居南法培育未來時尚業界年輕人

他當過Guy Laroche和品牌Christian Dior設計者Marc Bohan的助手，累積訂製服的經驗。而後從1970年代早期開始，便投入豪華成衣服飾的設計。高度優雅精緻的風格很快就受到上流社會女性顧客們的青睞，在全球享有曝光機會。

不過一直等到1980年代，他才獲得媒體與專業人士的認同。在巴黎，男爵夫人Inès Reille曾經是他的繆思女神，他說：「她外表的美貌跟她豐富的內在一樣美」，當馬賽時尚博物館主辦《一個女人，一位設計師》（Une femme, un couturier）展覽時，Inès捐出衣櫃裡的一百二十款衣服給博物館，也因此使人注意到他的設計。他慣常以純熟技巧更新古典服裝的風貌：用百慕達齊膝短褲取代裙子、長褲配西裝外套、合身剪裁洋裝、連帽粗呢大衣、斗篷、短披肩都是他的風格。1991年，他的公司因財務問題被迫歇業，於是他到Scherrer設計高級訂製服，一待就是四年。

2005年他搬到普羅旺斯，培訓欲以時尚為業的年輕人。「這是義工性質。」他說：「大家把一門講究實務經驗的行業過份知識化了，我企圖讓他們熟悉時尚界，畢竟他們之後得在這一行發展。今天，可以從服裝和生活方式來說一個女人很時髦，她學會如何使用配件，買一件衣服能穿三季回本，可是搭配一串珍珠項鍊和素雅的髮型，就能顯出資產階級的優雅風貌，或者改以鮮明時髦的配飾和刻意抓亂的髮型，流露幾分幽默輕鬆。時尚的鐘擺永遠擺盪，在流暢線條與結構性風格之間變來變去。女性化風潮與John Galliano的瘋狂奇想已經流行了十年，在這之後，女人將換穿Nicolas Ghesquière的服裝，重新建構她們的身型。」

COMBiNAiSON
BLOUSE 21 613

ROBE
GANTS

ROBE

「時尚不再由專家創造，而是由名人和明星決定。」

Angelo Tarlazzi

安哲羅・達拉茲

充滿時尚見解的創意人

生於義大利｜1942-

1 自創品牌投入成衣設計
2 曾先後擔任Patou、Guy Laroche高級訂製服藝術總監
3 70年代於Patou發表著名「手帕洋裝」
4 對時尚風潮見解精闢的創意人士

Angelo Tarlazzi在品牌Jean Patou跟著Michel Goma磨練經驗，後來他於1972年離開，前往紐約工作，接著又到義大利跟年輕的成衣品牌合作。然後他返回巴黎，接下品牌Patou的高級訂製服、成衣及配件的藝術總監。他發表打結式的「手帕洋裝」（robe mouchoir），把沙龍或絲質方巾穿在模特兒身上，讓時尚媒體同聲喝采！還記得那天晚上要拍照的時候，我為了要綁好衣服弄到快瘋了，沒有人幫我，也沒有使用說明！我打電話到Patou公司，Angelo一邊大笑一邊對我解釋該怎麼做，然後一切搞定。

Guy Laroche過世之前不久，選擇他當接班人，Angelo Tarlazzi為該品牌工作了四年：「我們對女性化的看法一致，Guy曾經是嬌艷巴黎女人的設計師。」Angelo是個創意人，有次我為了一篇文章，找上了Angelo，希望聽聽他對從古至今時尚運動的看法，不出我所料，他果然提出許多充滿智慧的見解。

在2005年的一次會晤時，我問他對時下流行時尚有什麼想法，他說：「人們看待身體的方式不一樣了。魔術胸罩和隆乳（我甚至曾在一名十五歲的俄國模特兒身上看到）改變了女性的身型線條，現在變成突顯胸部，讓兩團『圓球』在低胸服裝呼之欲出。大家不再看臉了，而是更看重上半身。低腰的流行也更強調臀部。不管穿長褲、長裙、短裙或短褲，都一樣，只要鞋跟夠高、鞋子夠優雅精緻就行。時尚不再由專家創造，而是由名人和明星決定。如果服裝設計師想為女人創造出風格強烈、超越時間的流行時尚，像1970和1980年代那樣的話，會是什麼情況？現在的女人能夠接受嗎？」

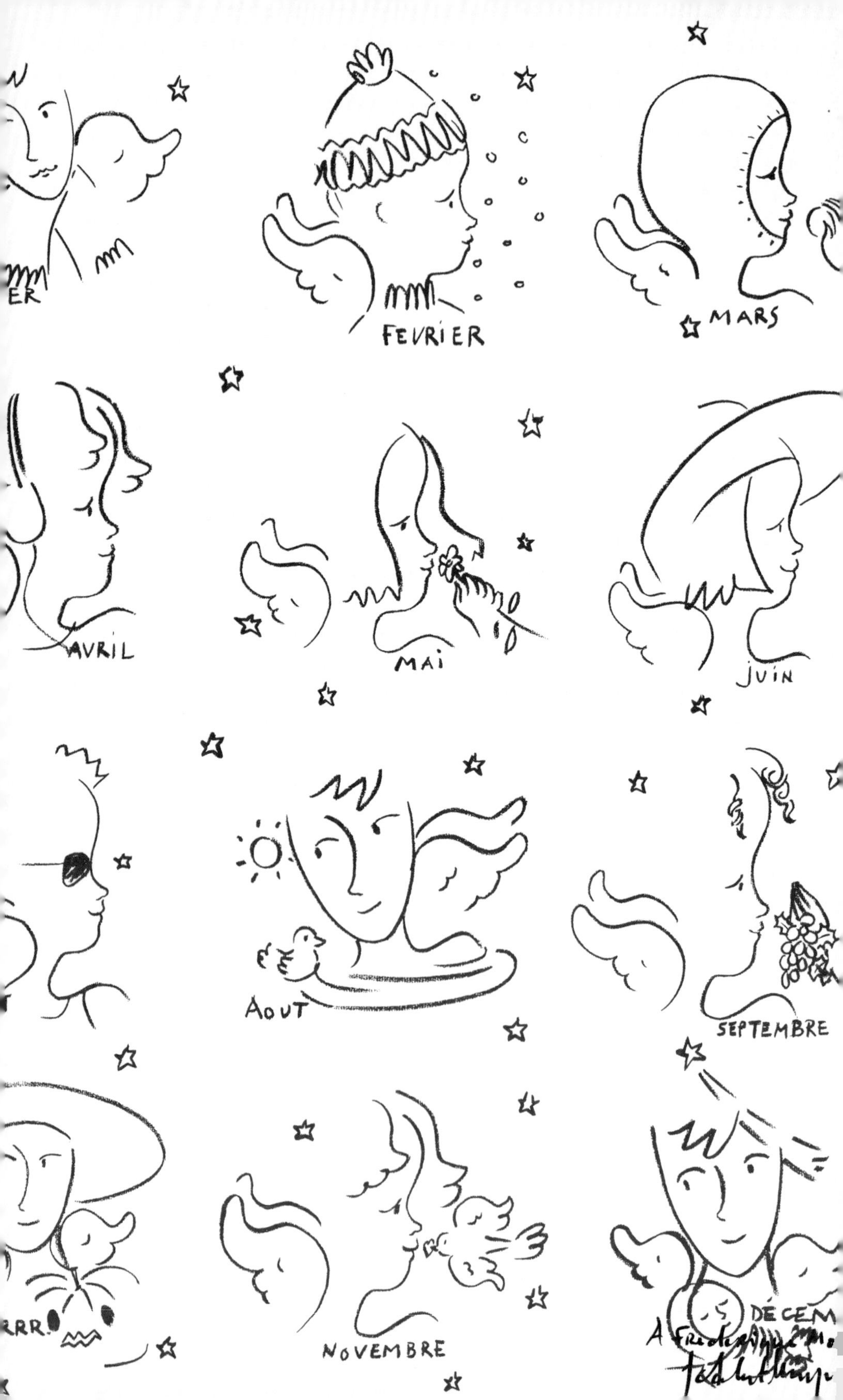

ER
FEVRIER
MARS
AVRIL
MAI
JUIN
AOUT
SEPTEMBRE
RRR
NOVEMBRE
DÉCEM

Jean-Charles de Castelbajac

尚夏爾·德·卡戴勒巴札

用藝術創新時尚

生於摩洛哥｜1949-

1 以強調保護身體的溫暖外套打出口碑
2 設計慣從簡單嚴謹的T形線條開始
3 創作深受現代藝術影響
4 服裝風格強調舒適、結構、形式、想像
5 屢與其他領域品牌跨界合作設計

據說他以寄宿教會的毯子裁製了第一件「毛毯外套」！1972年，我在聖多諾黑市場廣場的「設計師與工業」店裡買了這樣一件外套，它像是溫暖的窩，陪伴我渡過許多冬天。「穿上這件衣服，」他對我解釋：「兜帽像是屋頂，領子肩片變成帶披肩的風帽，能給予身體無限保護。我總是從T形線條開始設計，因為年輕時，曾在博物館看見一件十二世紀襯衫，它的線條就是這麼簡單嚴謹，讓我印象深刻。」從此以後，他的外套和大衣象徵著避難所，又像是可以讓人舒適生活的溫暖蠶繭。他是愛好現代藝術的服裝創作者，強調舒適、結構、形式、想像。

1981年他推出「繪畫洋裝」，就像繪畫一樣以年代區分，結合藝術家畢卡索、羅伯·孔巴和尚夏爾·布雷的作品。他還發表「致敬洋裝」系列，對象從路易十六到賈桂琳·甘迺迪皆有；以及有卡通人物的喀什米爾毛衣；紀念英年早逝的塗鴉藝術家尚米樹·巴斯奇亞的「塗鴉洋裝」和其他許多不同的創作。

他為1997年巴黎世界青年日幫教宗若望保祿二世設計禮拜儀式服裝，以及陪同參加的五千五百位教士的衣服；跟製鞋品牌Weston（威斯東）及著名雨衣品牌K-Way合作；為芭比娃娃和史努比設計衣服。同時，他也設計家具、地毯、燈飾、瓷器和彩繪玻璃，甚至為法國中部的歐比松設計一幅織錦掛毯《高空鞦韆與圓心圓》（Trapèze et cercle dans un cercle）。

2006年1月，倫敦的維多利亞與亞伯特博物館（Victoria and Albert Museum）為他舉辦展覽，展出其所有創作。翌年，巴黎的流行與服飾博物館也為他舉行《Gallierock》展，如果親臨現場，會發現它遠超乎一般普通的回顧展，Jean-Charles de Castelbajac以富有幽默感的手法，結合不同物件、音樂、氛圍和時尚影像，簡單說，就是包含他過去四十年不斷創新的一切事物。

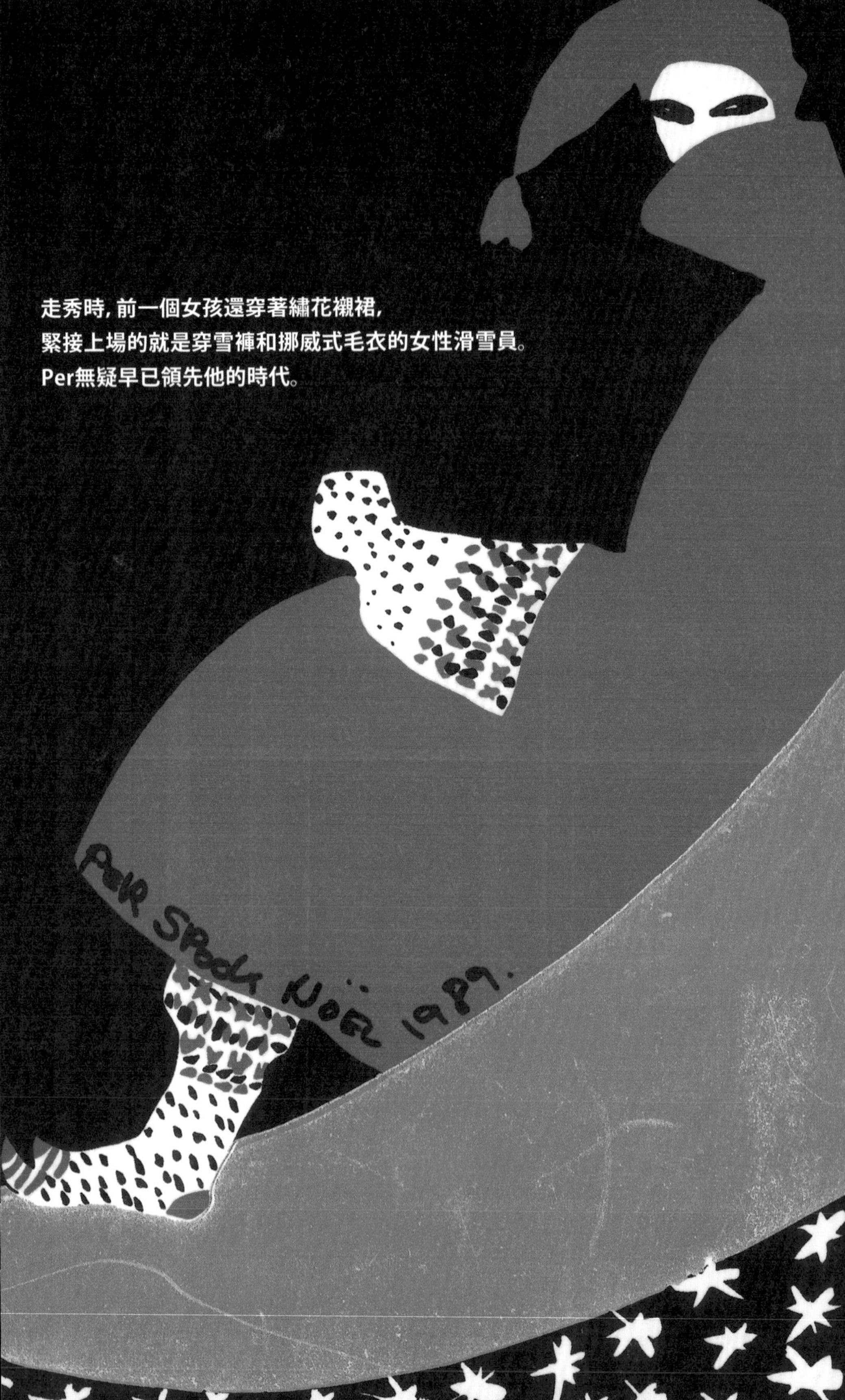

走秀時，前一個女孩還穿著繡花襯裙，
緊接上場的就是穿雪褲和挪威式毛衣的女性滑雪員。
Per無疑早已領先他的時代。

Per Spook

派爾・斯布克

獻給獨立女性的前衛設計

生於挪威 | 1939-

1 有別於同時代的摩登運動、民俗風格
2 喜用天然材質
3 1994年結束同名品牌服裝線
4 現主攻日本三十歲女性時裝市場
5 身兼海報設計師及畫家

從巴黎製衣公會學校畢業後，這名在巴黎的挪威人陸續擔任好幾位「大師」的助手（Christian Dior、Yves Saint Laurent、Louis Féraud），直到1977年才以自己的名字成立品牌。不過，他的高級訂製服與那個年代的流行並不相符，太五顏六色，又過於運動與民俗風格。然而，他的服裝出色又洋溢著愉快氛圍，非常摩登。走秀時，前一個女孩還穿著繡花襯裙，緊接上場的就是穿著雪褲和挪威式毛衣的女性滑雪員。Per無疑早已領先他的時代。

「我一向喜歡女人積極主動，能夠自己下決定。1960年代，我還在當助手的時候，看見男人為他們的配偶或情人掏錢買洋裝，要女人接受他們的品味，真的很震驚。同一時期的奧斯陸，女人都已經在工作了，還可以隨心所欲打扮。幾年後，我觀察到法國女人改變了，她們會買『年輕』的服裝，以全新的輕鬆自在態度搭配出自己的風格。那時，我的顧客棒透了，我很自由，不靠任何人提供金援。但現在這一行不一樣了。」

Per以天然材質為基礎，搭配充滿創造力的奇想設計，在當時實屬前衛，卻在1994年結束了他的服裝線，實在非常可惜。

現在要找Per Spook的衣服得到日本去，他在那裡針對三十歲左右、積極活躍、有決策能力的年輕女性設計服裝。他同時也是出色的海報設計師，以及不為人知的畫家。2006年初，奧斯陸還為這位家鄉子弟舉辦了一場個人作品的大型回顧展。

Jean-Louis Scherrer

尚路易・謝瑞
豪門貴族趨之若鶩的頂級質感

生於法國｜1936-

1 作品結構嚴謹、作工講究、色彩組合細膩優雅
2 服裝深受世界各地政商名流喜愛
3 1992年被迫離開自己創立的同名品牌

由於一次意外，他被迫放棄古典舞蹈之路，決心成為服裝設計師。1956年他進Christian Dior磨練經驗，三年後離開，轉赴竄起的年輕品牌Louis Féraud工作。1963年，他自己的「Jean-Louis Scherrer Boutique」開張，專營豪華成衣。到了1976年，終於推出品牌Jean-Louis Scherrer的高級訂製服，精緻優雅，華麗動人。

他選用最頂級的材質製作服飾，作品不僅結構嚴謹、作工精緻、色調細膩，色彩的組合更是優雅絕倫。他曾打點總統夫人Anne-Aymone Giscard d'Estaing官方旅行的服裝，「我是第一位讓總統的太太穿上低領衣服的人。」他一副驕傲又逗趣的模樣說著。許多世界各地的富豪名流也穿他的衣服，有歐洲或中東王室的公主，也有巴黎的貴族豪門，連化妝品牌Sisley的創始人Isabelle d'Ornano也是他的顧客。

1992年，為了不明的財務原因，他被自己位於蒙田大道的公司辭退，我寫了一封短箋給他，對於無法再看到他的服裝秀表達遺憾之意。日子就這麼過去了，我打電話給他，談到正在進行中的這本書，然後便收到這幅紀念快樂時光的草圖，他對我說：「快樂？我現在很快樂呀……」

他離開後，由Erik Mortensen與Bernard Perris先後接掌《Scherrer》系列的設計，兩人的時間分別是1992至1994年、1994至1998年。

「衣服不會過時，要是過時了，表示本來就沒做好。」
——Michel Schreiber

Michel Schreiber

米歇爾·史瑞博
解放男裝的時尚手藝人

生於法國
1 首位將色彩、無拘、舒適概念帶進男裝的設計師
2 用頂級質料裁製男性工作服散發時尚味道
3 在工作服設計及服裝細節上改良創新
4 70年代合夥開設質料色調出眾的大型男裝連鎖店
5 90年代遷居法國外省成為服裝手作人

他是第一位把色彩、輕鬆無拘、自由舒適等概念帶進男裝的設計師，用亞麻、絲絨、喀什米爾羊毛、毛料等頂級質料裁製工作服，讓工作服變得時尚，一些著名的設計像是大腿有口袋的水管工人長褲、磨坊工人式上衣、外套袖孔的拼接處貼合肩部圓形輪廓，以便活動自如，其他還有T形剪裁的襯衫，以及取代背心與開襟羊毛衫的寬大上衣。在衣服細節部份，他不加襯布、沒有翻口、不用墊肩，採用軍服式立領，當時還不叫毛氏領（col Mao，即中山領）呢。

我對自己能穿上身的衣服比較感興趣，因此對男性時尚從來不太熱衷，但是到了1970年代，Michel Schreiber與Patrick Hollington合夥的設計引起我的注意，他是這麼說的：「我父母都是工人，但我不想穿得像他們一樣，所以雖然我開了專賣工作服的大型服裝連鎖店，但剪裁的質料和色調都與以往不

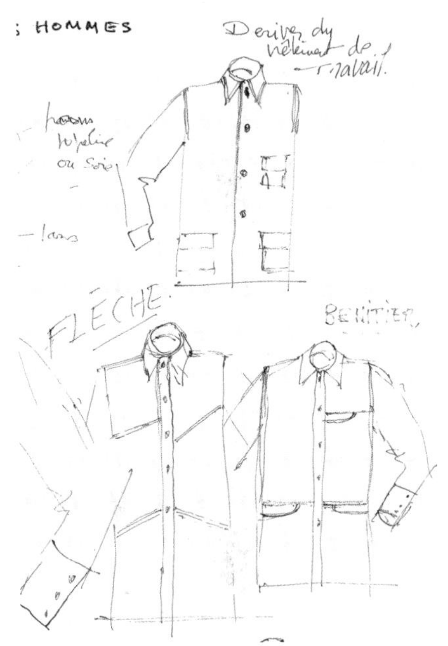

同，一切就這麼開始了！」從政界的François Mitterrand、藝人Guy Bedos，到藝術家César和演員Michel Piccoli，全都穿他設計的衣服。

Michel Schreiber於1995年關閉他的時裝精品店兼工作室，搬到諾曼地當個服裝手作人，五年後他又離開，前往法國西部的安如地區。忠實顧客會出席他在巴黎一家藝廊的兩季服裝作品展示會，比較急的人則親自去找他，拿出陳年舊衣請他重做一件款式相同的衣服。「衣服不會過時，要是過時了，表示本來就沒做好。不過我對復古並不感興趣，我的風格與時俱進，就跟我這個人一樣。」

「就是在巴黎，讓我決心做我自己。」
——Issey Miyake

Issey Miyake

三宅一生

在縐褶中解放束縛的服裝雕塑家

生於日本｜1938-

1 1972年在潮店「設計師與工業」首度發表同名服裝系列
2 「Pleats Please」系列推出後席捲全球
3 一塊布概念的「A Poc」服裝線可供人自行剪裁
4 服裝創作向建築、設計、尖端材質取經

他的名Issey意思是「一生」，姓Miyake表「三間宅第」。Issey Miyake出生於日本廣島市，1970年代在Guy Laroche和Givenchy當助手，說著一口無懈可擊的法文。應法國高級時裝工會主席Didier Grumbach之邀，1972年，他在「設計師與工業」商店舉辦的服裝秀上發表作品，首度推出打著自己名號的系列服裝。人們說他是一位藝術家、畫家，或者是能以布料或線條譜出和諧樂章的音樂家，不過他比較喜歡被稱為「服裝設計師」，或以「設計師」的中性詞「創作者」自居。

1989年，他創作「Pleats Please」系列，「因為西方的服裝妨礙行動」。衣服很容易保存，因為是壓出永久褶裥的聚酯纖維材質，洗了也不用燙，於是從伸展台到一般大眾廣受歡迎，席捲全球。1993年，他在羅浮宮地下商場大廳舉辦服裝秀，由William Forsythe舞團的舞者穿着他的縐褶衣服，展現雕像般的動作形態，讓現場的三千人幾乎激動落淚！

從此，Issey力求透過服裝傳達自由的概念，主張時尚應向其他藝術表達形式開放：建築（他採三度空間剪裁）、設計以及尖端科技研發的神奇新材質。1997年，他的新服裝線「A Poc」為大家帶來驚喜，其想法，或者說概念，是將一件衣服預先設定好剪裁，織在一塊布上，然後再裁成雙層的針織筒狀單品。展示時，模特兒手持剪刀，沿著衣服已畫好的輪廓線，在地上剪了起來……並立刻穿上衣服走秀。這是一件「任君選擇」的衣服，穿的人可以把領口剪低，把袖子剪短，而且有科技保證，邊緣不會脫線。點子超棒，可是不夠普及。

這位服裝量體感與材質的雕塑家，將兩種文化的交會表現在風格上，有西方的（他肯定地說：「就是在巴黎，讓我決心做我自己」），也有來自東方結合眾領域的傳統，如藝術、沉思、人生、自然、戰爭……畢竟當他還是青少年時，不就經歷了廣島事件嗎？

她愛用有鑲嵌的縷花或瑪戴爾（Madère）細緻的手工刺繡；靈感包括大自然（巨岩、番紅花、植物）以及1930年代的平面設計。

Renata

芮納塔

永不過時的現代女人味

生於德國
1 成為設計師前在《Elle》雜誌畫時尚插圖
2 喜用天然高級材質及手工精緻細節
3 「內衣外穿」為註冊風格
4 跨足家具家飾設計

Renata離開《Elle》雜誌後，為實業家Vaskene（她未來的夫婿）設計服裝，當時Vaskene已經聘請Karl Lagerfeld和Gérard Pipart為他工作。過了幾年，她在先生過世之後，於1973年成立了Renata公司。

她希望設計出來的服裝能超越潮流趨勢，不受時間限制，也沒有年代之分。她愛用天然或高級材質（亞麻、棉、喀什米爾羊毛）來強調精緻細節：有鑲嵌的縷花或瑪戴爾（Madère）細緻的手工刺繡；靈感包括大自然（巨岩、番紅花、植物）以及1930年代的平面設計。她的設計裡頭一定會有「內衣外穿」式的衣服，可能是內衣或精巧細緻的衣服。

她的洋裝十分女性化，上衣有著「內衣」風格。她都親自畫設計草圖，作品很現代。她的時裝店開在聖佛羅杭丹街，店內展示的服裝非常女性化，適合喜歡展現女人味的女性，而且不容易過時。

Renata對生活藝術和家飾裝潢很感興趣，創辦了「La Maison de Renata」（芮納塔家居），家具組合多樣化，質材高級（美國梧桐木、紅木、櫸木），可惜缺少經銷流通，生意不如預期成功，不過我記得那些家具真的很美。

BLOUSON:
BOUCLETTE
DE LAINE
DOUBLÉ
DE SOIE
BOUCLETTE DE
LAINE

MOUSSELINE
DE SOIE
Renata

SATIN DE SOIE

「我的服裝，是為自己而設計！」

Sonia Rykiel

Sonia Rykiel

桑妮亞·麗姬兒

獨立、自信、優雅的針織皇后

生於法國｜1930-

1 以針織衫聞名全球

2 車縫線外露上衣、未收邊裙子意外蔚為流行

「我的設計之路都被安排好了，」Sonia對我敘述：「我是個母親，本來應該去學校接我的兩個小孩才對……結果卻被帶到時尚界。我在家用織品百貨店實習的時候，把自己織的一條圍巾放在櫥窗展示，就賣出去了……完全在意料外。接著，我為先生的服裝店Laura做了幾件毛衣，受到大家認可，還上了《Elle》雜誌封面。車縫線外露是怎麼成功的？有天晚上我在紐約，把一件外套翻面穿，覺得這樣棒透了。有些圈內人覺得很難看，但是在一般大眾間流行起來。然後我又是那個把衣服收邊拿掉的人。事實上，我是穿了一件還沒完工的裙子出席晚餐邀約，席間就直接坐在地上，沒收邊的裙子碰巧很討攝影師們歡心。創作一件衣服時，其實我從不會想到『實用』二字。（啊有！用毛巾布或許算是。）我的日子過得熱切緊湊，創作應該跟我的生活協調一致才對，不過時尚總是會趕上我的腳步……」

打從1975年開始，多數三十歲左右的女人個個都穿著她的小針織衣和緊身針織套衫。2004年春天我又見到她，對於進入千禧年，她有什麼看法呢？「一切變動得很快。人們被電視和明星影響甚大，而它們所呈現的形象也反過來影響流行時尚，配件的選擇也一樣。」

當她提到Nathalie時，可以明顯感受到她的愛：「我的女兒Nathalie是我生命的一部分，從她出生那一刻起便是我的『我』。我的創作裡都有她，她的創作也都有我。現在她是品牌的二當家，有頭腦，行事積極。」Nathalie的父親Sam Rykiel在她二十歲時過世，無疑地，她把他的話牢牢記住：「如果一個孩子跟著父母安排好的路走，那麼他自己沒有證明任何事情。」不過Nathalie靠自己證明了實力，追隨母親創立的時尚王國成為服裝設計師（服裝線有Bis、Sonia、Rykiel Woman、Rykiel Karma等）。在我眼裡，Sonia是一個慷慨、忠於友誼的女人。

Michel Klein

米歇爾・克萊因
極度優雅與現代的法式輕浪漫

生於法國｜1958-

1 早慧型設計師
2 掌握中國式外套箇中精妙再轉化於創作
3 高級成衣服裝線風格現代、女性、時髦

他出道的很早，前途看好。經過初期的成功之後，他專心研究中國式外套，直到完全掌握箇中奧妙。他說：「我需要把框架丟開，以便好好地重新思考，用不同的線條去想像它。」2005年的版本是外套採黑色或白色緞面的一流之作，而最重要的領子經過改良，並非傳統的中山領。

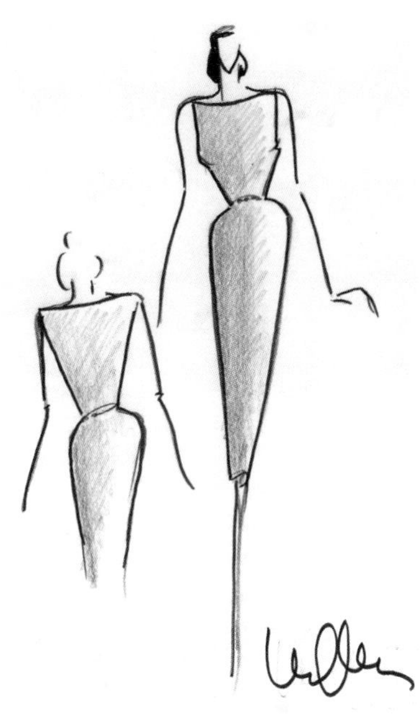

從「Klein d'Oeil」到「Klein Quand」，我透過他的不同品牌，觀察他的專業表現，很喜歡他為Guy Laroche創作的高級訂製服系列，那些服裝是一首「美姑娘」的頌歌。但他的訂製服公司被收購，Michel Klein退場，失去以他名字命名的品牌，纏鬥兩年才取回名字所有權。那是一段黯淡的時光，朋友們也疏遠了。不過他東山再起，在聖多諾黑街開了一間工作室，提供量身訂做服務。他幫Laroche工作時的女性顧客和官夫人們都支持他，親自爬上三層樓購買他私下設計的衣服。

2004年，他最新的高級成衣服裝線「Cher Michel Klein」，風格現代、女性化、時髦，在三十八個國際據點銷售，如巴黎的Colette和紐約的Bergdorf。「服裝身型跟我幫Guy Laroche設計的很相似。」他微笑說。該服裝線不以價格設限，面料貴重，製作精緻，以手工收尾，還綴上印度做的一流刺繡，打算每年推出四個系列，並且已經有了副線——「Sweet Michel Klein」，精神一致但價格更低些。「現在的風格比較適合我，在這個千禧年開端，我比以往更隨性自在了。我們經歷了一段在藝術運動和流行時尚多采多姿的時期……現在又重新回歸那裡了。」他滿懷熱忱地解釋道。

設計新秀活力年代

男裝結構嚴謹，女裝強力誘惑

女人想擁有如男人一般的地位「高度」，
於是肩寬加大，用墊肩改變外型。
所有的服裝設計先鋒都擁抱這股趨勢變化。

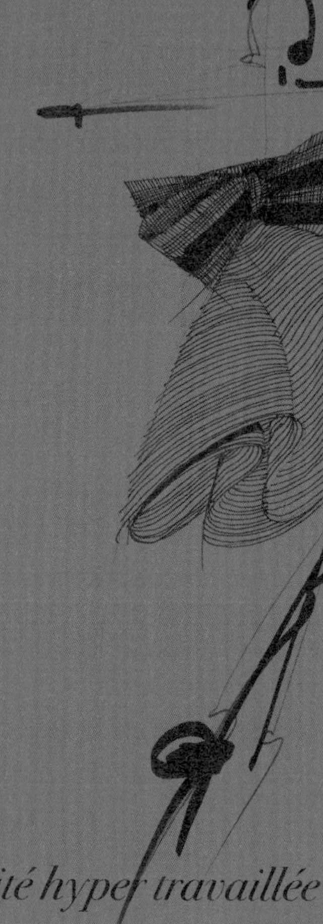

une silhoutte structurée, une créativité hyper travaillée

1980

rigueur au
masculin
séduction au
féminin

80

Trend

1 Thierry Mugler、Claude Montana、Anne-Marie Beretta打造出新女性風格
2 用墊肩強調肩寬改變女人身型
3 一片裙、長大衣走紅
4 Giorgio Armani解構男女裝外套
5 Escada集團在慕尼黑創立
6 Irène Van Ryb推出日、夜間女性褲裝
7 Saint Laurent Rive Gauche的長褲套裝深受女性歡迎
8 Ungaro的純色風格廣受喜愛
9 Sonia Rykiel躍居時尚界超級巨星
10 Kenzo等年輕設計師的服裝創作大舉攻占時尚媒體版面
11 日本時尚走紅
12 高級時裝店「Hémisphères」討喜的時尚運動風
13 Agnès B的珠光暗扣開襟棉絨衣蔚為流行
14 Armand Ventilo首創複合式概念店
15 夜店「皇宮」開啟創意年代
16 Helmut Lang為極簡主義風格始祖
17 頹廢風格反撲
18 義大利時尚建立威望

Keyword

墊肩、一片裙、長大衣、極簡主義、解構、頹廢

流行風潮——新時代的女英雄

很奇怪，大家從1985年就開始談論1980年代，這無疑是因為服裝設計師們已經創造出一種獨特的風格，一種跟過去無關、忠於當代的裝扮。引領潮流的人是Anne-Marie和Thierry、Claude。他們推出應和時代的風貌，一般統稱他們為「年輕設計師」，設計的衣服適合衝勁十足的女人，她們上街購物就像作運動，工作和社交上擁有自我主張。「服裝必須能傳達訊息。」Anne-Marie Beretta回憶道：「我們女人呀，想擁有像男人一樣的地位『高度』，於是肩寬加大，用墊肩改變我們的外型，而我們的想法也與以往不同。所有的服裝設計先鋒們都擁抱這股變化。」

於是1980年代的流行時尚，成為時代本身的註解。女人選擇當個女英雄，一個鬥志旺盛、行事老練的人，對一切社會限制嗤之以鼻。法國左派在1981年取得執政權，矛盾的是，那些強調奢華的重要設計師，正是在社會主義執政時期時擴張他們的時尚王國版圖。1980年代的外表準則與時尚設計師的力量，催生了強調結構的服裝身型，以及極度精雕細琢的創意。

這些概念同時呈現在面料和細部上：強調肩寬、一片裙和搶眼長大衣。大原則是男裝嚴謹、女裝誘惑，其他一切模稜兩可，讓處於這十年的設計師盡情展現藝術性格。不過，絕大多數都拒絕提及「行銷」一詞，一直要到十年後，行銷才開始主宰這一行。

時尚名人——年輕設計師躍居主流

Giorgio Armani在1981年推出品牌「Emporio」，「解構」男女裝外套的長期過程於焉展開：柔和肩線、拿掉襯裏、使用揉皺的布料。Margaretha和Wolfgang Ley在慕尼黑合創的Escada集團，擁

外表準則與設計師的力量，
催生了強調結構的服裝身型，
以及極度精雕細琢的創意。

有國際規模。Alberta Ferretti發表首次服裝秀。鞋子設計師Robert Clergerie首次推出系列。在巴黎的桑提耶區，設計師René May和太太Théa是我的鄰居兼好友，女性媒體人很喜歡他們，會穿他們的衣服，Théa是義大利人，長得很漂亮，將強烈的個人氣質灌注在自家公司的服裝上，風格聰明又女性化。

Irène Van Ryb以長褲見長，很快就推出白天和晚上穿的女性褲裝。在我工作的《費加洛仕女》雜誌，所有人都穿掛有「Saint Laurent Rive Gauche」衣標的長褲套裝，或者穿代表Ungaro風格的純色。登上時尚雜誌照片的服裝款式都出自Kenzo（當時的明星）、Chantal Thomass、Emmanuelle Khanh、Dorothée Bis、Sonia Rykiel（變成超級巨星）、Renata、Angelo Tarlazzi、Guy Paulin、Chloé，以及一些「年輕」新秀，如：Issey Miyake、Thierry Mugler、Claude Montana、Anne-Marie Beretta、Jean-Charles de Castelbajac和Jean-Paul Gaultier。別漏了高級時裝店「Hémisphères」，他們的時尚運動風很討人喜歡。Agnès B用珠光按扣的開襟棉絨衣也從此時開始，流行了十多年。

要找詩意或浪漫的民族風（印度、阿富汗、北非、墨西哥和美國西部），大家會跑到Armand Ventilo在思彭堤尼街新開的店，店址原是Yves Saint Laurent總店。他的風格穿梭流行，不受時間侷限。之後，Ventilo兄弟擴增銷售點，是最早將時尚、家飾、書店、展覽、沙龍結合在同一店面的人。大家很少談及這項法式成就，不過成功經驗已經對外輸出。

「皇宮（Palace）」的年代也在此時開啟。1985年，這家舞廳是各種形式風格誕生與塑造的地點，哲學家、作家、藝術家、建築師和重要的服裝設計師齊聚此地，激發出許多創意。

時代風格——極簡主義現身

極簡主義也首度出現時尚界，影響了年輕設計師的創作。1986年，當龐畢度中心舉辦《維也納1880-1938》展覽時，奧地利設計師Helmut Lang首度於巴黎舉辦服裝發表會，地點就在龐畢度。他的風格素淨，服裝身型簡樸，面料從粗羊毛到彈性合成橡膠都有，以重建服裝基本款為目標，受到時尚行家的讚賞，並為他冠上極簡主義者的稱號。十年之後，他發表了很有現代感的訂製服，完全貼近他的服裝哲學：有圖畫的服裝身型，色彩中性，採用客製化設計，會用高貴的面料或科技織品。1997年他在紐約對我說：「我知道自己是這種風格的開端，也知道自己對它有所影響。極簡主義是很複雜的，它傳達一種現代作風，排除所有情緒。我有獨特的風格，有自己的價值觀和奧地利的根源，而且一向嘗試做我自己。」

在這十年的尾聲，某些前衛設計師吹捧「頹廢」（grunge）風格，一股出現在美國西北岸極度唱反調的運動：襯衫褲子邋遢不成形，音樂失真破音，這樣的風格與1980年代精緻優雅身型的品味實在差很遠。永恆的時尚鐘擺很快又盪回來了，登上雜誌頭版的，是非常有女人味又力道十足的風格，適合喜歡惹人注意的女性穿著，這就是義大利時尚，之後透過兩季的米蘭時裝秀建立起它獨特的威望。

c'est du Sarrault !

Thierry Mugler

堤耶里・穆格雷
法國的時尚才子

生於法國｜1948-

1. 服裝款式流露雕塑般風貌
2. 打造寬肩、細腰、豐臀、窄裙、高跟鞋的女英雄形象
3. 擁有其品牌的克蘭詩集團2003年終止服裝部門
4. 移居紐約擔任舞台服裝設計師及短片、表演導演

他多才多藝，才有辦法當個舞者、服裝設計師和備受敬重的平面攝影師。身為設計師，他以奧妙的導演藝術，將服裝人物化身為喜劇女英雄、獲勝的悲劇女演員，或是動作像機器人一般的銀河系生物，同時保有他心目中理想女性的一貫老練世故。服裝款式的雕塑化風貌，直接援引自他的靈感來源，時而有著好萊塢的魅力風華，時而呈現軍事風崇拜。他很能掌握衣服的量體感，剪裁銳利，品味超絕，力求完美。

他留下的設計手稿很像漫畫的女英雄，像庫依拉、芭比、芭芭芮拉和貓女，有強勢的肩膀，細腰豐臀，窄裙下是一雙超高的高跟鞋。這樣的服裝身型流行了好些年。我想起1984年他在澤尼斯劇院所舉辦公司十週年慶的一場秀，現場來了六千名觀眾，令人難忘。1997年，Thierry加入製衣公會，掛牌成為「訂製服設計師」，不過只持續幾年而已。擁有其名下香水Angel、Alien、Amen、Cologne的克蘭詩集團，已在2003年關閉服裝部門。

難道因為如此，這名才華洋溢的偉大設計師才會跑去紐約，讓法國創作界永遠失去他？目前他身兼舞台服裝設計師、短片導演、表演導演。有朝一日，超級天才會從美國返鄉嗎？

Betty
Nadja
Nadja

Estelle
Edwige 88
Connie

LANVIN

他的服裝人物穿著做工獨一無二的皮衣，帶子緊紮腰身，肩膀呈直角，襯有特大號墊肩，在華格納歌劇的樂聲中魚貫而行，征服全場。

Claude Montana

克勞德·蒙塔納

戲劇性的前衛詩意

生於法國｜1949-

1 主修化學和法律
2 超大墊肩和皮衣充滿戲劇感
3 男裝偏運動風自成一格
4 曾任Lanvin訂製服設計師

曾讓潮流人士們感動不已的Claude Montana（我也深中其毒），在羅浮宮地下商場（Carrousel du Louvre）各廳尚未開放時，即刺激群眾蜂擁而至，齊聚瀰漫著特殊氛圍的羅浮宮庭苑（la cour Carrée du Louvre）的搭建帳棚中，也開啟往後十年的流行風格。而1989年起羅浮宮地下商場才開始舉辦服裝秀。

他的服裝人物充滿戲劇感，動作姿態經過精心設計，穿著做工獨一無二的皮衣，帶子緊紮腰身，肩膀呈直角，襯有特大號墊肩，在華格納歌劇的樂聲中魚貫而行，征服全場。超乎尋常的美，非常80年代。他那偏向運動風的男裝同樣自成一格。

我是透過Claude在1970年代創作的混凝紙漿首飾才發現他，還記得他在里沃利街（rue de Rivoli）的安潔莉娜茶沙龍（le Salon de thé Angelina）裡，展示掛著Claude Montana衣標，幫助他在時尚界闖出名號的第一批系列服裝。這是他幫西班牙製造商費瑞·伊·桑堤斯（Ferrer y Sentis）所設計的。

爾後，他成為Lanvin的訂製服設計師，在1990到1992年的服裝系列中，展現出罕見的前衛詩意。好景不常，Claude與Lanvin不久後雙雙停做高級訂製服。這位偉大的服裝設計師被巴黎慢慢遺忘，但即使沒有掌聲，他仍舊默默繼續創作。

Anne-Marie Beretta

安瑪麗・貝瑞塔

御新技術於平凡之上

生於法國｜1937-

1　風格洗練現代
2　擅長不對稱線條及解構式套裝
3　創造Max Mara經典大衣款
4　靈活運用一流布料與新技術於傳統服裝

除了她的髮辮之外（現已不復見），她那毫無花俏奇想的洗練當代風格，突顯出她與兩名好友Thierry Mugler、Claude Montana的明顯差異。 參考東方沙龍裙的不對稱線條及解構式套裝 是她唯一接受的想像。她說：「我是第一個大膽改變某些服裝細節原有用途的人。」Anne-Marie也懂得靈活運用肩寬、寬身、布料（永遠一流）與新的技術於平凡傳統的大衣上 ，如：寬袖孔配大片插肩袖、用按扣固定的圍裹式大衣、領子超大的雪衣。

從過去到現在，Max Mara那些美麗的大衣都還是出自Anne-Marie Beretta之手。

她毫無疑問是最大膽也最具創造力的：使用迷彩布（1969-70）、中山裝（1975）、纏腰式裙子（1976）、及肘袖與及膝褲（1980年代）、斗篷（1981）、圓錐裙或羽絨裙（1984-85）、撐塑料薄片的套裝和沙龍式裙子（1985）。同年（1985），她從日本進口桃絨布，徹底改變她為Ramosport設計的防水衣。

有天晚上，Anne-Marie邀請我至她家晚餐，我在參觀她工作室的時候，發現她還是很有天份的畫家呢。

Anne Marie
Beretta
ÉTÉ 84

「一個女人穿上衣服感覺舒服，整個人就會平靜、自在、亮眼。」

guy paulin

Guy Paulin

吉・波藍

舒適剪裁的自在魅力

生於法國｜1946-1990

1 服裝作品強調魅力與舒適兼具

2 風格簡單、柔和、古典

在亮片和老舊裝飾之外，要表現服裝的世故與精巧，可透過布料與剪裁達成，他是最早瞭解到這點的設計師之一：「我特別注重兩點，不管是嚴謹的日常衣著或精雕細琢的晚宴服，款式都應該兼備魅力與舒適。像上半身緊壓胸部、衣服到處都是口袋，就不是我的風格。一個女人穿上衣服感覺越舒服，整個人就會越平靜、自在、亮眼。」Paulin先生，你永遠是對的。

他為女人設計風衣、厚呢短大衣、馬褲、休閒西裝外套、針腳採傳統收線的柔軟小針織衫（樣本是他母親織的）以及風格簡單的輕柔洋裝。這位人們口中來自洛林（Lorrain）的Paulin、手作人Paulin、藝術家Paulin，朋友口中的Guy，在1990年擱下他的筆和剪刀，離開人世。

在他過世前不久，我們曾經一道吃午飯。他很平靜、認命，沒有任何工作計畫。我們聊了很多，我用現在式，他用過去式。奇怪的是，我不覺得悲傷，也不試圖這麼做。離開餐廳後，我一邊將目光尾隨他走在小田街（rue de Petits-Champs）的身影，一邊對自己說：「永別了Guy」。從此，我再沒見過他。

Guy Paulin été 89
aillot crêpe Lycra brodé gazelles - jupe toile

Chemise et jupe
plissée georgette de viscose
à imprimé cerises
Guy Paulin
été 89

Patrick Kelly

派崔克・凱利
躍升鳳凰的美國傳奇

生於美國｜1954-1990
1 少數列名時尚史的黑人設計師
2 創作深受美國南方民俗風情影響
3 貼身針織筒狀洋裝一舉成名
4 作品受到黛安娜王妃等人青睞
5 鈕扣裝飾為其特色

少數擠身時尚史的黑人設計師，出生於密西西比州威克斯堡的農場，伴隨他成長的美國南方民俗風情，在創作中表露無遺。

他於1980年代來到巴黎，在自己的小房間縫製洋裝，再拿到大街上賣，直到夜店老闆Fabrice Emaer遇見他，跟他訂製Palace的夜店套裝，他的時尚生涯才隨之起步。受助於經營Victoire時裝店的設計師Françoise Chassagnac，他完成第一批由平紋針織料剪裁成的筒狀洋裝，極為貼身，有鮮艷的顏色及黑色，造成時尚女編輯的一陣搶購，更把照片登在雜誌上，並受到Nicole Crassat（先後於《Elle》、《費加洛仕女》雜誌擔任服裝編輯）的大力推薦。

五年內，他的生活變成一則童話故事，他設計出性感套裝，以及覆滿小結飾和鈕扣的洋裝，從黛安娜王妃、歌手Grace Jones、女星Jane Seymour到演員Marie Laforêt都選擇他的衣服。他偏愛鈕扣，把鈕扣集成心形或結飾的各種圖案，慣用彩色或鍍金，以烘托低領線條。他於1989到1990年的跨年夜過世，那時正值他的職業生涯高峰。

我們曾是鄰居，他的辦公室在梅勒街，離雜誌社很近，有時我會看見他穿著過大的吊帶褲經過；他是個了不起的朋友，總是興高采烈，對生命充滿熱情。我一直保留著這枚他送給我的黑色小鈕扣胸針。

「布料決定身型，一件衣服應該同時強調正面、輪廓和背面。」
——Azzedine Alaïa

Azzedine Alaïa

阿澤汀・阿萊亞

用布料雕塑女體

生於突尼西亞｜1940-

1 材質組合大膽精準
2 用布料和剪裁一流的緊身服裝雕塑女性身型

他讓女人穿上高尚純粹的黑色皮革或平紋毛織料做的緊身服裝。我在1980年代初期第一次看他的服裝秀，地點就在他居住、工作兼展示服裝的貝勒夏斯街公寓，他不用靠刻意暴露身材來創造優越的服裝身型，靠天份就綽綽有餘了。

「布料決定身型，」他解釋：「一件衣服應該同時強調正面、輪廓和背面。」不過，Azzedine對於平紋針織料、烏干紗、醋酸纖維、牛仔布、針織品或毛皮，一樣運用自如，他大膽精準地結合材質，呈現出一種既侷限又自由的矛盾混合，而且剪裁一流。

他說自己是「訂製服的勞動者」，自己畫精確的設計草圖、瞭解布料、監督衣服試樣。1986年春天的某個下午，他在剛搬進來的皇家公園街拿一件外套給那時超紅的Grace Jones穿，他仔細地調整，讓她重新試穿，自己也再試過（現在他還是會自己試穿樣衣看看夠不夠舒適），然後重新一針一針細細收尾完成作品。他懂得以藝術和技術將一件衣服從頭到尾製作完成。

在突尼斯，這名個子不高的偉大男人，靠著在女裁縫店裡作針線活兒，來負擔美術學院學費。「1960年代，我決定放下Sidi Boussaïd[1]的工作室搬到巴黎時，過得像個游牧民族，睡在我做衣服的人家家裡，有時是女僕房，有時就睡在公寓的一個角落。」他回憶道。接著，口耳相傳起了作用，成功與聲譽同時降臨。1990年，他搬至玻璃廠街一棟出色的工業建築裡，裡頭聚集了工作坊、銷售空間和一處很棒的展覽藝廊。

1 Sidi Boussaïd是位於突尼斯東北方的可愛小鎮，依山而建，可俯瞰突尼斯灣，藍白兩色建築構成小鎮特殊風情，是當地著名旅遊景點。

Jean-Paul Gaultier

尚保羅．高第耶

引領潮流的頑童

生於法國｜1952-

1 曾擔任Pierre Cardin助理
2 風格前衛、挑釁、大膽
3 混合古典與奇特民族風
4 服裝創作有連貫性但不拘一格
5 錐形胸部馬甲因瑪丹娜而一鳴驚人
6 藉服裝衝撞男女性別刻板印象

1970年，Jean-Paul Gaultier十八歲，就和Pierre Cardin簽下了生平第一份合約，擔任他的助理，所以1980年時，他已經工作了十年。1971年4月24日，他進Patou工作，五年之後，創立了自己的公司，並且在幾季後建立起名聲。

2006年10月，他慶祝公司成立三十週年。三十年間，他發表一連串的前衛服裝系列，創意四射，挑釁大膽，還有令人讚嘆的古典主義。我不喜歡他某些服裝秀的精神，像是在維耶特展示的戴頭巾的修女，或1993年於薇薇安拱廊街呈現的猶太教教士。但是我非常喜歡他稱為「布爾喬亞階級拘謹魅力」的系列，那是由喜劇女演員Sylvie Joly領銜的幽默傑作小品，或者是1987年發表的「門房在階梯上」，其他像是為了向畫家Frida Kahlo致敬，而在拉丁背景裡進行的服裝秀，或是俄羅斯系列，還有1994年那場有著刺青圖樣的服裝秀都令人印象深刻……他設計的服裝系列有連貫性，從優雅時髦到民族風，從流行通俗到古老花邊，留給人們不同的形象。

「什麼東西我都能設計，
除了令人沉悶的正規服裝！
別想在我的作品中尋找模式，
那是不可能的」
——Jean Paul Gaultier

1984年，錐形胸部的馬甲因為穿在瑪丹娜身上而聲名大噪，是他「大鬍子」系列的明星作品。

1986年起，女人都穿上了他的直紋長褲套裝；男人則是穿裙子走秀。在他首次發表高級訂製服後，我們決定邀請Jean-Paul Gaultier擔任一期《費加洛仕女》雜誌主編。為了拍攝服裝照片，我們一致同意請Karl Lagerfeld來拍，他是服裝設計的巨人，也是很有天份的攝影師。那時他們兩人互不相識。服裝照就在Karl位於里勒街的攝影棚拍攝，Jean-Paul顯得略為惶恐不安；Karl手上拿了一杯用水晶杯裝盛的健怡可樂，闔起扇子，在旁邊敏銳觀察。一小時之後，他們開始談論起時尚、插畫、設計和彼此的計畫。我還記得那期雜誌一出刊，就立刻賣光了。

Jean-Paul Gaultier是將Hermès的準則跟超越時空的奢華形象兩相結合的天才。提到這個品牌，我就得提到總裁Jean-Louis Dumas，他是企業王國的總指揮，更是個有教養的優雅男人，屬於Hermès的家族第五代。他不斷鼓勵合作夥伴們重新發現這個1837年創於巴黎的品牌根源，同時，他也找來像Martin Margiela和Jean-Paul Gaultier這種完全走現代風格的設計師合作，讓這個法國時尚老牌有了不同的碰撞改變。

80
La mode japonaise
日本時尚

Trend

1 頹廢詩意的極簡主義
2 影響比利時設計師甚鉅

Keyword

川久保玲、Comme des Garçons、山本耀司、渡邊純彌

人們口中的日本時尚從1982年起開始發燒，這一股浪潮的兩個大明星挑起眾人困惑、激動與愛慕的情緒，他們是Rei Kawakubo（川久保玲，品牌Comme des Garçons）與Yohji Yamamoto（山本耀司）。其秀場的服裝身型在時尚史上留下印記：蓄意賣弄的頹廢與極簡風格中帶著矜持與詩意，首度打破資產階級對優雅的既定觀念，並且影響往後數年的新銳設計師，尤其是比利時設計師。

品牌Comme des Garçons的領導人物Rei Kawakubo，最早的一些服裝秀為1980年代的時尚掀起革命，讓整個巴黎茫然不知所措，應該對著天才大聲叫罵嗎？或膽敢說出自己不喜歡嗎？我們用「後廣島」（post Hiroshima）風格來形容這些屬於現代藝術的「作品」：破碎撕裂、不對稱、解構、寬鬆量體感、補補綴綴、使用毛氈料以及未加工、抽縐的著色布料……。

Rei Kawakubo解構服裝，打亂了時尚界，並且勇於嘗試新的風格，每一季都呈現新的身型、新的觀點，並挑戰某些禁忌：有假駝背的衣服衝撞人們的美感經驗，軍裝或撕碎的服裝讓人想起戰爭，或者以某種色情帶來令人不舒服的縱慾形象……她是個教人震驚的服裝創作者，藝術思維永遠出乎人意料之外。

到了下一個十年，在這波日本出口、來勢洶洶的設計師當中，她的前任助理Junya Watanabe（渡邊純彌）無疑是個優秀人才。他的風格時而詩意，時而感性簡練，兼具哲思與奇想、傳統與現代，擅長參差錯落的身型，對於打亂量體和比例毫不遲疑，同時看重創新的科技技術。

12版N
2001年(平成13年)4月26日 木曜日
朝日新聞
株式第1部
お好きな方法で株式取引
インターネット/電話/FAX/対面
アイザワ証券
www.aizawabtc.com
0120-311-434
繊維・紙
化学・石油
ゴム・窯業
鉄鋼・金属
機械
電機
輸送・精密
諸工業
金融・保険
不動産
運輸・通信
電気・ガス
サービス

Yohji Yamamoto

山本耀司

特立獨行的東方極簡

生於日本｜1943-

1 建築式的解構量感與不對稱
2 色彩偏好黑、紅、白及海軍藍
3 創作融合男女裝特色
4 重振白襯衫時尚地位
5 被視為極簡主義時尚代表人物之一

他服裝的靈感來自建築式的解構，因此特別強調線條和輪廓，充滿量感與不對稱概念，顏色則偏好黑色、海軍藍、白色或紅色。這位藝術家喜歡從服裝史中汲取靈感，作品往往能融合男女裝特色，以個人創意注入新詮釋，包含了以厚毛料裁製的帶裙襯架洋裝、下擺不規則捲褶的圍裹式洋裝、雙臂緊合的外套、充氣裙、剪裁俐落或做的像日式坐墊的大衣，或是有著特殊量感的女性套裝，他更讓白襯衫重新躍升時尚主角。2005年，巴黎的時尚與紡織博物館（Musée de la Mode et du Textile）為他舉辦《就是服裝》（Juste des vêtements）展覽。很快地，他的衣服獲得眾多前衛人士的青睞，男女皆然。

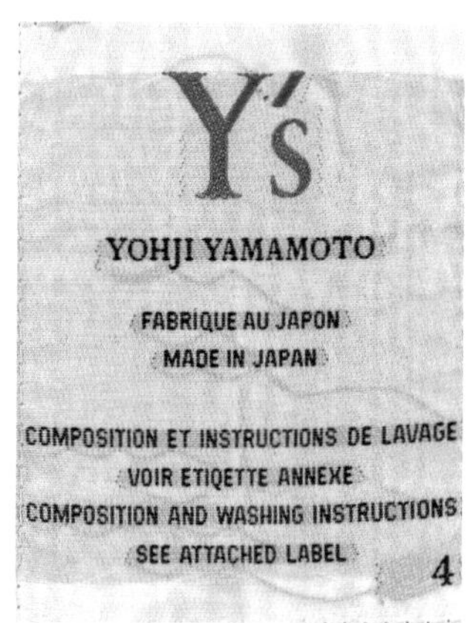

1989年我訪問過他，當時他的論點在今日看來再清楚不過了。我們談到「極簡主義」（le minimalisme），當年常用來定義他所代表的時尚流派，以及以他為先驅所引起的風潮。不過，Yohji卻反對該用辭：「我不明白它的意思。如果要把我們做的每件事都控制到極簡程度，那乾脆當個出家人算了，我想，這純粹是人們在不同時刻渴望不同東西罷了，這是人類的天性。就像預言所宣告的，新的千禧年將重複過去1950到60年代的歷史，有積極正面的要素，但因為族群混合所帶來的新的現實情況將與保守主義相對抗，值此衝突階段，我們將面臨壓力、社會的不平等以及「革命」。總是穿著相同基本款的大眾，和有能力享受天價服飾的小眾，兩者的不平等將會擴大。然而，身為服裝設計師，我們設計華服，也設計像T恤或長褲這些每個人都能穿的簡單衣服。透過最繁複或最簡單的方式來表現，都是自然而然的。」

Irié

入江

反日本潮流的創意發想

生於日本｜1946-

1 結合創意與技術的可機洗短裙、夾克

2 款式簡單、女性化、走中價位路線

誰沒穿過Irié可以用洗衣機清洗和迅速晾乾的短裙和彈性夾克呢？這些縫有「Irié Wash」品牌標籤的衣服，是反日本潮流的服裝設計師Irié的創意發想。日本人Irié於1970年自大阪設計學院（Osaka College of Design）取得學位後遷居巴黎，和品牌Kenzo合作了十年。爾後他遊走不同工作對象，1983年於前修士街開設精品時裝店。他的服裝簡單、女性化、價位適中，很快就大受歡迎。

「我愛死了巴黎女人，她們決定了流行時尚。對我來說，就好比女演員Dominique Sanda身穿軍用雨衣，漫步塞納河畔的樣貌…。在我的創作裡，巴黎永遠居首要地位，這裡可以感受到最新風尚和城市氛圍。我喜歡融合過去與未來，只在配色時用日文來思考、創作。」

爾後，他增設不同服裝線和店面。男裝走都會風，有高雅的西裝、基本款和運動休閒服；女裝則結合想像力和技術創造出創新舒適的款式。他的針織品有一堆死忠愛好者。

UN SPÉCIAL MODE
VRAIMENT TRÈS RÉUSSI.
ET BIEN SÛR NOUS
SOMMES TRÈS CONTENTS
ET FIERS.
J'ESPÈRE VOUS VOIR POUR
LA PROCHAINE COLLECTION.
SINCÈREMENT

IRIÉ

8, RUE DU PRE-AUX-CLERCS, 75007 PARIS - TÉL. 01 42 22 51 79 FAX 01 45 48 77 67

YUKI TORII

Vous adresse ses vœux les plus sincères

de

Santé, Joie, Paix,

Pour l'Année 2002 .

Yuki Torii

鳥居由紀

新典雅時尚貴婦

生於日本｜1943-

1　貴婦型的典雅精緻風格

2　唯一每隔半年於巴黎及東京發表服裝秀的設計師

這位身材嬌小、笑容可掬的女士所設計的服裝走「貴婦」路線，材質精美，細節裝飾漂亮，頗有「新典雅」（New Chic）之風——這也是她年度服裝主題。她是唯一一位每隔半年會在巴黎和東京發表服裝秀的設計師。她的時裝店開在薇薇安拱廊街，設計生涯的三十週年慶就在此舉行，過去她常邀請我和她的家人一起午餐（先生、女兒、女婿都是工作夥伴），看著這位品味優雅女性的成就，我心想，她應該可以創立設計師成衣品牌才對。過去，Yuki的母親很肯定她的天份，現在，Yuki對自己女兒的創作實力信任有加，算起來是Torii家族第四代的服裝設計師了。

80
Les créateurs belges
比利時設計師

Trend

1 比利時時裝首度形成時尚新勢力

2 設計嚴謹並忠於自我主張

3 用教育培訓人才

Keyword

Martin Margiela、Ann Demeulemeester、Dries Van Noten、Dirk Bikkembergs、Walter Van Beirendonck、Marina Yee、Dirk Van Saene

在比利時，有兩所高等學校以培訓服裝設計師為目的：布魯塞爾的崗柏國立高等視覺藝術學院（La Cambre, Ecole nationale supérieure des arts visuels），Olivier Theyskens等設計師即畢業於此校；法蘭德斯區的安凡爾皇家美術學院（Académie royale des beaux-arts d'Anvers），該校於1980年代成立流行時尚系，成功造就六位才華洋溢的服裝設計師——Dirk Bikkembergs、Dries Van Noten、Ann Demeulemeester、Walter Van Beirendonck、Dirk Van Saene、Marina Yee（她沒有成立自己的品牌）。

每一位都各自展現對時尚的觀點，與當時由Thierry Mugler、Claude Montana以及稍後的Jean-Paul Gaultier引領風騷的時尚準則大相逕庭。人們首度談論「比利時時裝」，這是一股新的精神，一波在風格、視覺和質感上極度嚴謹的潮流，一季一季過去了，這些設計師始終忠於伸展台上提出的主張。

2000年，為了慶祝《費加洛仕女》雜誌特別號出刊，我去了一趟安特衛普（法文叫安凡爾），讓我更進一步認識這些傑出的比利時服裝設計師。我們在令人讚嘆的魯本斯故居一起參加派對。Dries Van Noten與Ann Demeulemeester，由品牌「A.F. VandeVorst」的兩位設計師陪同，他們也是皇家美術學院的校友，聯手創立這個更年輕時髦的品牌，品牌標籤就由他們的名字和一個紅十字組成。「在我們的人生哲學裡，十字形是一個積極正面的符號，紅色，則是能同時傳達最優與最劣的顏色。」微笑、坦率、自然，這些比利時服裝界響叮噹的名字，坦率不做作的態度令人驚訝，與其說他們是時尚女王，行為舉止更像是藝術家。

1990年代開始，比利時服裝設計師的新浪潮銳不可擋，形成一股豐富的藝術原動力—包含了Raf Simons、Jurgi Persoons、Véronique Branquinho、Bernard Willhelm和Bruno Pieters等人。西元2000年以後，Christian Wijnants崛起，他以前擔任Dries的助手，在安凡爾開了一家工作室；男裝的當紅炸子雞Kris Van Assche，則於2008年春夏接替Hedi Slimane，成為Dior Homme的藝術總監。

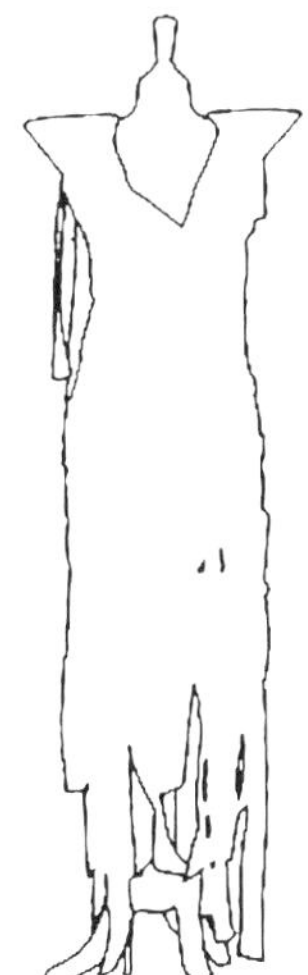

Martin Margiela

馬丁．馬吉拉

低調的時尚藝術家

生於比利時｜1957-

1 拒絕公開現身
2 創作風格低調、摩登、充滿令人驚奇的想像力
3 回收舊衣重新加工創造出全新風貌

他的服裝線「Maison Martin Margiela」[1]的白色棉布衣標僅僅縫住四個角，上面沒有品牌名稱，表明了設計師眷戀低調。這位隱形設計師（拒絕任何公開現身），總是創作出充滿想像、驚奇又摩登的款式：縫線外露，沒有車邊，用綁帶或繫扣取代拉鍊，並且強調肩肘的處理。他深諳「回收」的藝術，透過重新加工、染、剪、拼組，賦予舊衣物全新生命，甚至用再生回收的符號來標示其中一條訂製服服裝線。Martin Margiela曾跟Jean-Paul Gaultier工作，也曾幫Hermès設計成衣，那時他就懂得怎麼將嚴謹和剪裁技巧運用於奢華名牌，而且能保有個人特質。

1 Martin Margiela於2009年正式對外宣告退出自創品牌。

Dries Van Noten

德利斯．范．諾頓

幻夢般的異國情調

生於比利時｜1958-

1 古典中揉合異國情調的率性
2 配色細膩詩意

1982年，Dries Van Noten的首次男裝發表便受到矚目，六年後，他的女裝作品也獲得肯定，從此一帆風順。Dries的服裝看似古典，但他透過歧異的風格組合和巧妙的配色，揉合精確嚴謹與隨意的異國情調，為他的設計增添個人味道。他有著獨一無二的天份，別的比利時服裝設計師強調垂直硬挺的線條，或搶眼的對比，他卻完全不理那套。他的創意細膩又富詩意，彷彿從裝滿寶藏的箱子走出來般，為人們帶來幻夢似的服裝圖像。他是神奇的色彩專家，具有非凡的配色敏感度，喜歡將陽光普照地區特有的藏紅和咖哩色調，與寒帶地區的冷調色彩和諧搭配。

Ann Demeulemeester

安・德穆拉梅斯特
多層次的雌雄合體

生於比利時｜1959-

1 多層次搭配的雌雄同體都會風

2 剪裁技巧無懈可擊

3 作品呈現純淨與黑暗交織的強烈視覺形象

二十年來，她以雌雄同體的風格，悠遊於男裝和女裝、力量與純淨之間。憑著無懈可擊的剪裁技巧，讓白罩衫、水手服、灰色系服飾和制服風格重新站上時裝舞台。她高明地操刀一剪，便能雕塑出都會身型，可能是穿著皮衣散發出令人瞠目結舌的成熟奢迷，或者相反地，穿戴出宛如處子的純潔優雅。純淨的詩意與蠱惑的黑暗交會在她的多層次搭配中，強烈風格令人難忘。

Ann是完美主義者，喜歡待在位於安凡爾的房子（為建築師柯比意在比利時唯一的建築作品），想像並畫下未來服裝的草圖。「安凡爾的力量，在於它是混合各種文化的港口城市，」Ann Demeulemeester對我說道：「不像巴黎或倫敦擁有悠久的時尚傳承，所以我們可以大膽創作，擁有很高的自由度。」

80

Les Succès de la mode italienne

義大利時尚

Trend

1 時裝產業全力支援設計師創意
2 多為家族品牌事業成功案例
3 1970至90年代初在營收上大有斬獲

Keyword

Giorgio Armani、Gianni Versace、Nino Cerruti、Nicola Trussardi、Costume National

1960年代，米蘭品牌Krizia的創始人Mariuccia Mandelli，有一次到動物園參觀，啟發出一系列繡有老虎、獅子和其他野生動物的羊毛衫，並且獲得全球性的成功，成為該品牌集團的起點，如今擁有二十五種相關產品線，她的成衣式樣圖案繽紛，辨識度很高。在今日的義大利、美國或法國，Mariuccia設計的衣服依舊是女性的最愛。

法國時尚和義大利時尚有什麼不同呢？1970至1980年代期間，法國時尚界主攻「年輕設計師」，偏好藝術與前衛的設計，但是法國時裝工業並沒有大規模投入這些服裝新秀的設計，或者說僅有少數參與。

當時的義大利時裝界則採取相反政策，整個產業全力支援時尚設計。該時期知名的設計師，如Giorgio Armani和Gianni Versace，在創立自己的時尚企業之前，也為其他廠商效力。十年間，名符其實的時尚王國誕生了，以跟美國的貿易交流為主。於是，人們開始說米蘭－紐約連線，而法國時裝擺明了不在此列。

除此之外，還有其他人逐漸鬆動法國設計師長期為尊的壓制，從Ferragamo到Prada，成就十分可觀，Nino Cerruti便是其中一例，他在二十歲時，繼承了祖父在義大利皮耶蒙地區（Piémont）創辦的紡織廠，透過他的拿手項目——男裝，以一流的材質傳達家鄉魅力與拉丁民族的品味，穿越阿爾卑斯山邊界，帶到法國來。Nino懂得如何成功經營工廠，又能保有製作品質。

Nicola Trussardi在義大利貝加蒙省重整家庭皮革企業，原創辦人是他的祖父，一位皮手套師傅。1973年，Nicola推出品質一流的皮件產品，以著名的獵兔狗標籤叫人印象深刻。三年後，大膽跨足成衣領域。1995年，他在米蘭一棟離史卡拉歌劇院不遠的歷史建物，成立藝術展覽交流中心「史卡拉海洋」（le Marino alla Scala）。1999年事業如日中天之際，他在米蘭到貝加蒙的高速公路上，因車禍意外喪生，由他的兒子及女兒Beatrice接掌企業，但後來兒子也於同一條公路車禍身亡。

Costume National誕生於1980年代晚期，是一對兄弟成立的時裝品牌，Carlo負責行政管理，Ennio則掌管創意部分，負責設計男女裝成衣線以及極富現代感的配件飾品。Ennio在米蘭研習美術之後，一度夢想成為雕塑家和建築師。他當過Yohji Yamamoto的助理。1987年創立Costume National時，選擇在巴黎舉辦服裝秀，他的服裝堅守現代風格，在強調流行時髦的時尚圈，立刻贏得國際傳媒垂愛。

從1970到1990年代初期，不論是家族企業或新進品牌，能在營收上大有斬獲的時尚業主要都是義大利時裝，後來法國因增加品牌再度成功，取而代之。

Gonna di
stampato o di pizzo o
staccata

Bomb

anche v. colorati

在她們身上，驗證了天份，是會遺傳的……

Fendi

芬迪

以皮草起家的米蘭名牌

1925年創立

1 家族企業

2 從皮草起家

3 第二代改良毛皮大衣

4 網羅Karl Lagerfeld為皮衣帶來創新時髦的風格

5 第三代發表著名的Baguette經典包

「媽媽」Adèle是Fendi時尚王國的創始人，她的事業從十八歲開始，當時她在舅舅的店裡賣皮件，接著她創作皮包、皮手筒、皮草大衣。後來她與Eduardo結婚，是一對很有才華的夫婦，尤其Adèle對女性客戶的需求十分敏銳，設計作品時會將顧客的意見列入考量。輪到他們的五個女兒：Anna、Paola、Franca、Carla（我和她最熟）和Alda接棒時，則將品牌的精神予以創新。「妳們有權利犯一次錯，但不能犯第二次。」Adèle對她們說。她們大膽拿掉襯布、墊肩，減輕皮革重量，研發出不加襯裡、內面為毛的毛皮大衣，Fendi也因此成為由女人為女人設計的品牌。1965年，姊妹們網羅一位才華洋溢的年輕設計師Karl Lagerfeld，他加強技術，讓Fendi姊妹出色的皮革製品，化為如羽毛般輕盈且時髦的皮衣。

我受邀和她們家族一起到Franca家晚餐，五姊妹整晚說笑個不停敘述她們的回憶，她們的先生都從事別的行業，席間安安靜靜地。她們也為我介紹Fendi家族的新生代。

Fendi的皮包一直很成功。到了1997年，Anna的女兒Sylvia掌領配件設計，她在祖母Adèle的檔案資料裡發現了可愛的小夾袋，著名的Baguette（長棍包，窄長形皮包）遂蔚為風潮，這種可以夾在腋下或肩背的短提帶包，從繡圖案的牛仔布到皮革，各種材質皆備。該款經典包在運動背包的風潮後問市，時間點剛好，應驗了不變的流行鐘擺原理。

2002年，LVMH集團買下Fendi百分之八十七的股份。直到現在，Karl依舊為成衣畫草圖，Sylvia和Anna則負責時裝創作。Sylvia同時掌管男裝成衣、皮衣、配件的製作。在她們身上，驗證了天份會遺傳……

Franco Moschino

法蘭科·莫斯奇諾

以幽默破解時尚

生於義大利｜1950-1994

1　以幽默感解讀流行時尚

2　服裝秀宛如驚奇逗趣的大型表演

我對Franco Moschino有一份深摯的懷念，他天賦極高，創作的時裝充滿幽默感，他喜歡自我解嘲，拿流行開玩笑，也可以說流行逗得他很開心。他取笑所有事情，包括時尚潮流，所以他的服裝秀十分逗趣並且創造出無限驚喜。他喜歡撇開所有規矩，重新解讀像香奈兒套裝之類的經典時裝。然而，在一場搬演馬戲團的走秀之後，他對我表明：「這種風格的服裝秀是最後一次了，我領悟到大家來看表演，卻沒有看我的模特兒，應該為銷售而創作，而不是為了自得其樂。」

他推出「Moschino Couture」，向我解釋道：「用Couture（訂製服）一詞，是因為我喜歡Dior訂製服工坊裡的珍珠灰小扶手椅和氣氛。」他繼續說：「創意和天才在巴黎，相反地，工業和買賣在這裡，在義大利。我們有商業頭腦。」

1994年Franco去世，此後便由Rosella Jardini協同原工作團隊成員，為其服裝系列持續推陳出新。

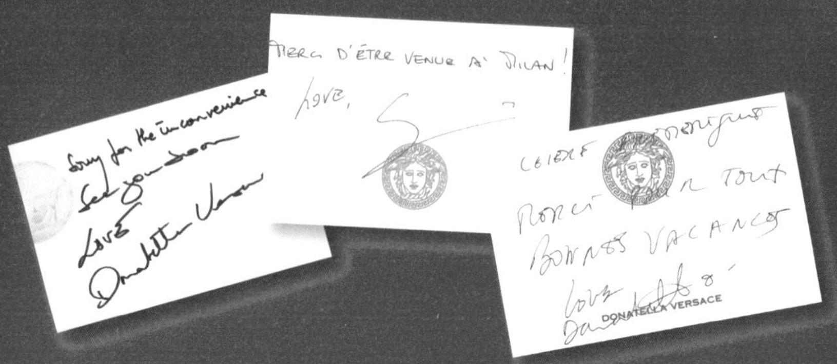

Gianni Versace

吉安尼·凡賽斯

華麗的南義風情

生於義大利｜1946-1997

1 風格炫耀華麗
2 縫製技巧無懈可擊
3 喜由好萊塢女星擔任代言
4 過世後由妹妹Donatella接掌企業

如果第一個令我傾心的米蘭時裝是Giorgio，那麼第二個就是Gianni。Giorgio偏愛義大利北方的低調奢華，而Gianni，這位風度翩翩的迷人男子，招搖的華麗一如絕大多數的南方人（他的家庭來自雷吉歐卡拉布里市）。Gianni是個體貼親切的天才，我回想起跟他的第一次個別會晤（搭配白松露義大利燉飯），訪問進行的不太順利，我希望他多談談他自己、工作與家庭，但他的回應，卻是跟我大談令他十分景仰的Yves Saint Laurent，真的是滔滔不絕。

對我而言，Gianni是一位出色的設計師，能縫製出無法拆組、無懈可擊的寬肩上衣，那些衣服即便經過多年也不褪流行。他的名字也跟報章雜誌上的女性連在一塊（啊！好萊塢女星總是穿著他的緊身衣），1997年7月Gianni身亡，改由他的妹妹Donatella Versace掌理企業，她也繼續為美女換穿新裝，瑪丹娜、黛咪摩爾或荷莉貝瑞，都是其品牌廣告的女性魅力象徵。

我最後一次遇見Gianni是在巴黎夏佑宮，他手牽著外甥女阿萊格拉，是Donatella和他最好的朋友Paul Beck[1]的女兒……他將她視為己出，後來成為遺產繼承人，或者，我們可以說他的「遺產」留給了整個時尚界。我到米蘭參加Gianni的葬禮，所有的名人都到了，連黛安娜王妃都有出席。

2007年，我們滿懷敬意地齊聚米蘭，紀念他辭世十週年。在時尚界，任何事情都可以拿來隆重慶祝，即使是悲傷的事，而Gianni想必也會以Donatella[2]為傲，因為Versace的風格在她的手中再度備受讚揚。

1 Paul Beck是美國人，曾擔任時尚模特兒，與Donatella已離異，但仍協助Versus廣告業務。
2 Donatella更於2010年請來英國設計師Christopher Kane重新塑造品牌Versus，以年輕搖滾的路線，在睽違五年後贏得時尚圈一致讚揚。

BASE B
DIETRO

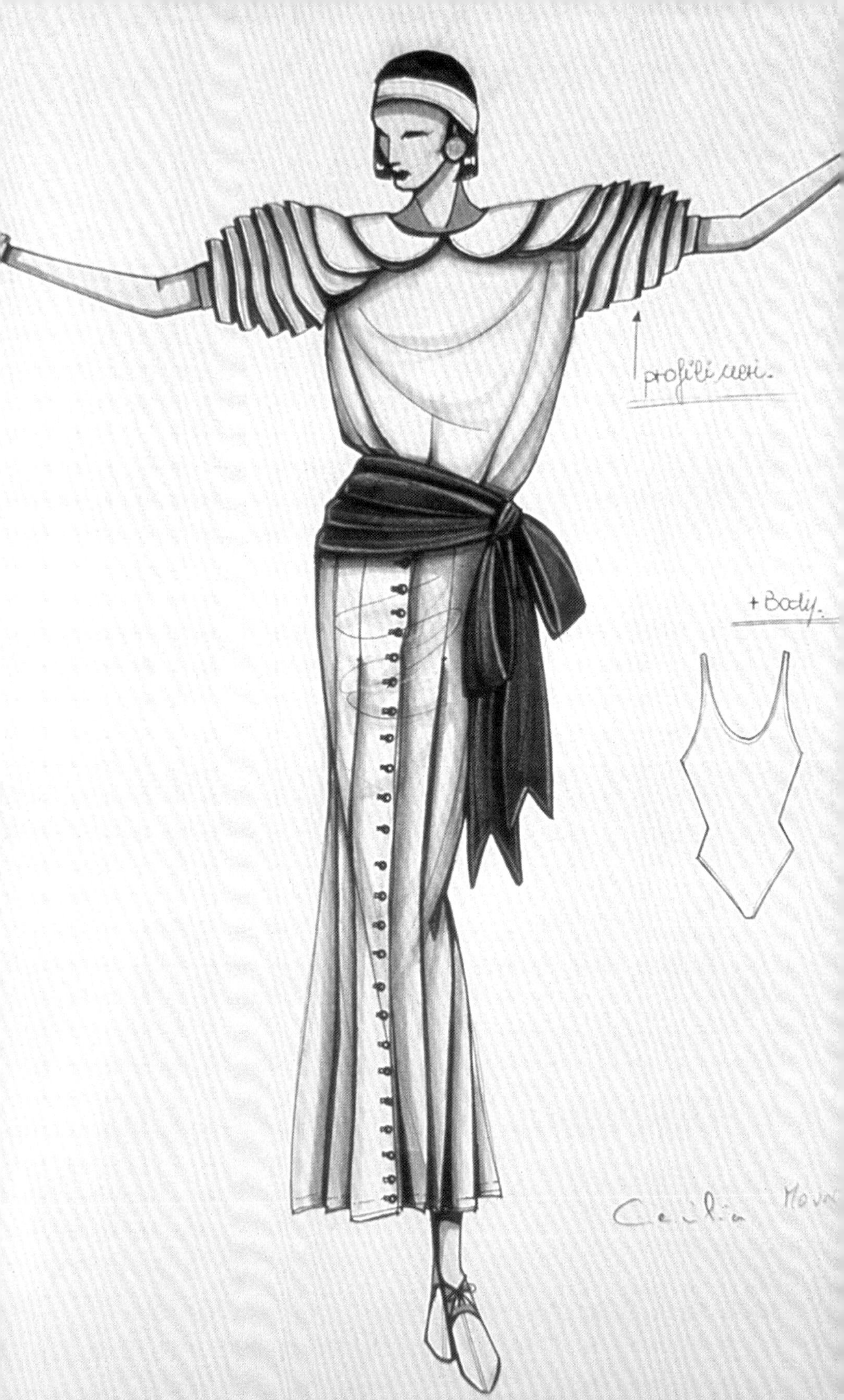
profili neri.
+ Body.
Cecilia

「我的企業，就是我的愛情故事。」
——**Giorgio Armani**

Giorgio Armani

喬治・亞曼尼

低調的北義優雅

生於義大利｜1934-

1 強調女裝純粹，男裝性感
2 創造上衣去襯裡、柔和肩線的解構特色
3 產品線眾多並跨足家飾與旅館業
4 擁有企業完整控制權的設計師、經理人兼銷售商
5 2005年首度發表高級訂製服

每年全世界有兩百萬的女人、男人與兒童購買Armani的衣服。「要更新時尚不容易，要讓已成形的風格有新變化更難。我喜歡為女人塑造摩登的形象，不會太浪漫，也不會太激烈，而是將所有的矯飾跟侵略性都拿掉，盡可能地純粹優雅。相反地，男裝應該要有些性感，別害怕加太多，因為我們可以再簡化！如此一來總會有某些美好的東西被留下來。」

1984年，在他首款男性香水發表會上，我們第一次相會。後來我們約好在他米蘭的家中碰面，由其媒體公關Erika Vignial作陪。Giorgio和親密夥伴Sergio Galeotti[1]一起招呼我們，Sergio是一開始創立Armani的人，當時的Giorgio，只不過是個才華洋溢、為里納森特百貨公司（La Rinascente）及其他商家工作的設計師。我對這次短暫拜會留下很美好的回憶，對英俊的Giorgio滿懷溫情，但Sergio卻在會面後不久過世了。

十五年過去，在看過無數場服裝秀後，我們來到布朗尼（Broni），在他的鄉間宅邸觀賞一場時尚與生活藝術的攝影秀，照片主角是出眾的名模演員Inès Sastre。除了頭髮銀白似雪，Giorgio一點都沒變，永遠的古銅膚色，笑容可掬，穿著招牌海軍藍T恤（夏天是棉質，冬天換成毛料或喀什米爾羊毛）。在這段期間，品牌Armani擴增了許多產品線，包括服裝、香水、配件、家飾和飯店。他創造了Armani風格，Armani的上衣，不加襯布，有一點肩線，輕輕攏著身體線條，不會令人感到拘束。

迄今，他對企業仍有百分百的唯一控制權，統領全球四千七百位員工，身兼設計師、經理人和銷售商三種身分。2005年，他以七十歲之齡，在巴黎首度發表高級訂製服Armani Privé。他說：「我的企業，就是我的愛情故事」。

1 本為建築師的Sergio Galeotti，是Giogio Armani的事業合夥人兼伴侶，兩人於1974年合創Armani公司，分別負責公司管理與服裝設計，Galeotti於1985年因愛滋病去世，得年四十歲。

Alberta Ferretti

阿爾蓓塔·菲瑞蒂
超越時空的女性化

生於義大利｜1950-

1 浪漫摩登、超越時空的女性化風格

2 喜以頂級刺繡襯托高級布料

直爽，眼神明亮迷人，總是面露微笑……她是時裝設計師，也是企業總裁，公司就位於亞德里亞海邊的卡圖萊卡（Cattolica），一個她從未離開過的城市。她在母親裁縫工作室的布料堆裡長大，「這激發了我對時尚的熱情」。十七歲時，她開了一家服裝店。「很像是一所特別的學校，可以研究其他設計師的作品。」她坦承道。她對款式有自己的想法，於是做了幾件掛在架上。有一天，一名銷售代表把它們全買下來，而且又回來下訂單。她馬上在一間四百平方公尺的倉庫設立工作室，僱了三名工人，開始剪、縫、拼接……

今天，她的企業王國以Aeffe為名，服裝系列看起來像是為一個浪漫、摩登、極端女性化的女英雄所設計，她經常以頂級刺繡突顯高級布料，剪裁無懈可擊，超越時空的女性化風格更是討喜。「女性的權力是我們這個時代的一項成就，女人可以展露她們真正的特質，不用再為了領導管理而把自己穿得像個男人。就讓我們繼續當女人吧。」

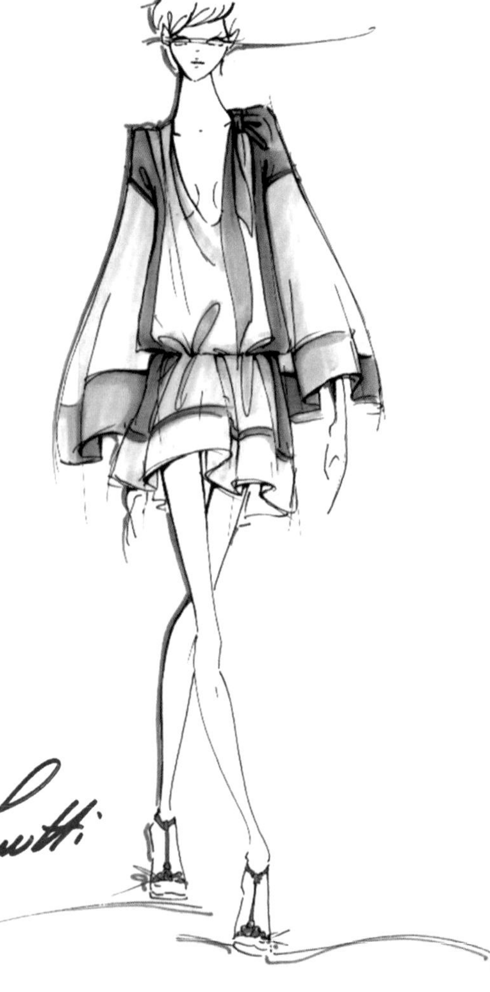

Tom代表了一個時尚時期，
他創造「Gucci風格」，以「裸穿皮草」的迷人魅力，
替1990到2000年間的流行樣貌下定義，
新聞界為他新創了一個形容詞——「情色高雅風」(porno-chic)。

Gucci

古馳

品牌王國的超級巨星

1921年創立
1 以皮件起家的家族企業
2 在Tom Ford全盤主導下成功打造品牌
3 以性感高雅創造品牌形象魅力

品牌Gucci的成功打造全歸功於Tom Ford。他出生於1962年，美國德州人，學的是建築（就讀於紐約帕森斯學院，還上過喜劇課程）。也許，應該說多虧了被Gucci家族聘來，幫品牌改頭換面的美國人Dawn Mello，於1990年將領導權交給了這位原本她找來幫忙的年輕助手。他讓Gucci的服裝秀成為必看的指標，有最美最帥的超級名模展示迷人的服飾。他深諳服裝藝術，能創作出最瀟灑的夾克、最性感的緊身女裝、最貼身的長褲、最與眾不同的皮衣……，他同時證明了時尚也是一門「生意」，他多才多藝，全盤主導風格以及其他像是包裝、店面設計、廣告活動……等瑣事，能幹地掌管辦公室事務。「產品是我的絕對優先，當它結束後，我把它放到廣告上，以便創造出吸引人的形象。」Tom代表了一個時尚時期，他創造「Gucci風格」，以「裸穿皮草」的迷人魅力，替1990到2000年間的流行樣貌下定義，新聞界為他新創了一個形容詞：「情色高雅風」（porno-chic）。但是，讓我們拋開那些媚惑人心的模特兒和廣告時，看到的是擁有強大力量、宛如建築般的服裝。當他想為Yves Saint Laurent Rive Gauche設計成衣時（總之成功達成了，但不是Saint Laurent的牌子），長期編織的魔法終於被打破，留給Gucci的，是那些教人神魂顛倒的服裝，以及最好的配件飾品。

2004年3月7日，Tom Ford離開了：「在我做的最得心應手時停下來，感覺很奇怪。」他遺憾地說。跟時裝揮手告別，又進入另一個領域。他選擇雅詩蘭黛，與雅詩的孫女Aerin Lauder共同推出以他名字命名的保養品。「我懂得深入品牌歷史，為它們帶來必要的現代感，再創新局。」他在記者會當天如此表示。同一時間，他推出明星愛戴的Tom Ford眼鏡，還發表男裝成衣，並打算進軍電影圈[1]。在流行時尚界，這位美國俊男寫下我們所稱的「Tom Ford年代」。

1 《摯愛無盡》（A Single Man）為Tom Ford執導的電影，影像風格強烈，敘事如詩。

DOLCE & GABBANA
UFFICIO STILE - VIA S. DAMIANO, 7 - 20122 MILANO - TEL. 02.77427236 - FAX 02.76024698

Dolce & Gabbana

杜嘉班納

來自西西里的華麗性感

Domenico Dolce生於義大利｜1958-
Stefano Gabbana生於義大利｜1962-

1 融合巴洛克、宗教、繪畫、地中海風情的華麗怪誕與性感
2 男裝偏愛牛仔褲、西裝式外套配平底軟皮鞋的形象
3 廣告形象風格魅力、煽情、想像、挑釁

Domenico Dolce（光頭較矮的那個）與Stefano Gabbana（褐髮高個兒），就是Dolce & Gabbana，在1985年舉辦首次時裝發表，黑色大披肩配白襯衫和大襯裙的西西里風格，非常傑出。後續幾場服裝秀也擷取相同靈感來源，模特兒在義大利喜劇的氛圍中展示服裝，讓人料想不到他們現在的作品會有如此性感的一面。

融合各種類別——巴洛克、宗教、繪畫（從卡拉瓦到畢卡索），以及充滿地中海風情的華麗怪誕，這兩名好友終於創造出質感華麗、性感、大器的時尚風格，並且呼應當下趨勢作變化：有華麗鑲邊的牛仔褲（或有手工撕磨毛邊效果）、緊身衣、馬甲、細肩帶緊身衣配西裝外套、貼身洋裝、蕾絲的挑逗針織物、刺繡、透明材質、豹紋和鑲滿人造寶石的T恤。更別忘了他們精緻講究的副牌，將街頭風、奢華與女性魅力真正結合。

在一次走秀後，他們對我吐露：「我們為真正的女人設計衣服，從媽咪到情婦。」

Dolce（時尚界對品牌的暱稱）男裝最愛的形象是：牛仔褲、西裝式外套和平底軟皮鞋的搭配，依布料的不同，不論在足球界跟電影圈都一樣適合。從他們節節上升的銷售數字便可證明，這樣的打扮在其他行業也行得通。今天，他們在不動產的發展、豪華的時裝店、多款成衣線的成功也繼續攀高，別忘了還有家飾、配件和香水。如此多的產品線，透過他們大部份的廣告，反映出充滿魅力、煽情、想像和挑釁的形象風格。

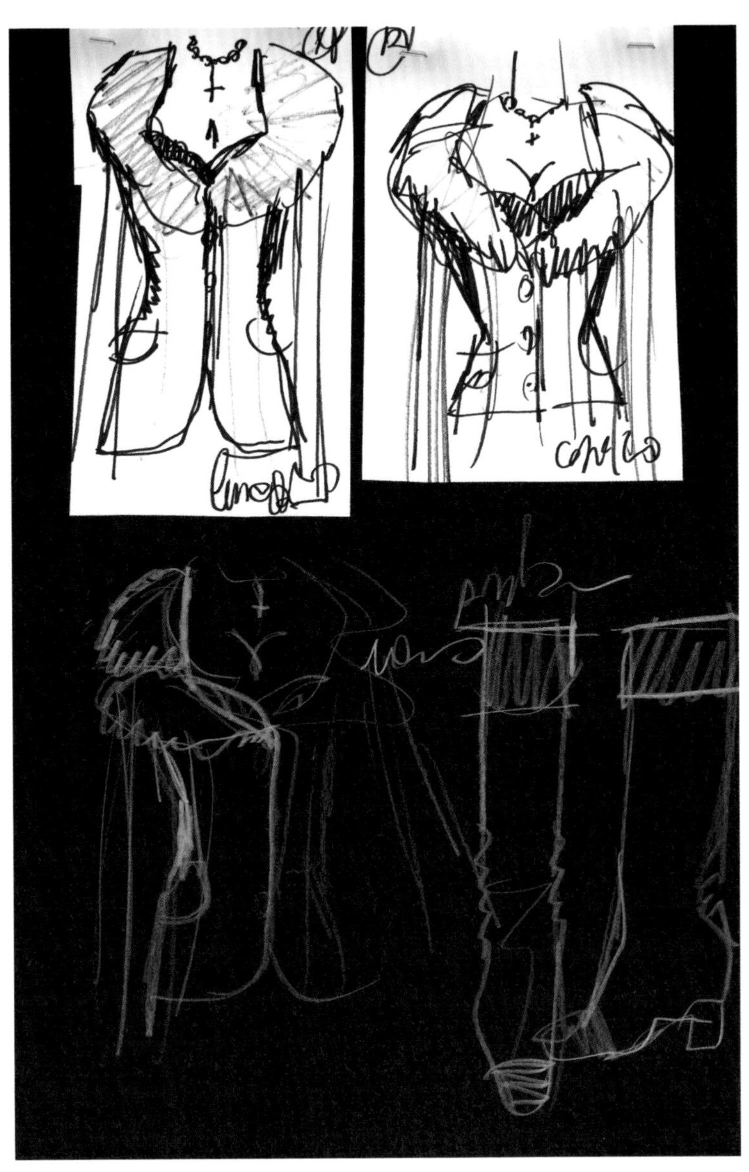

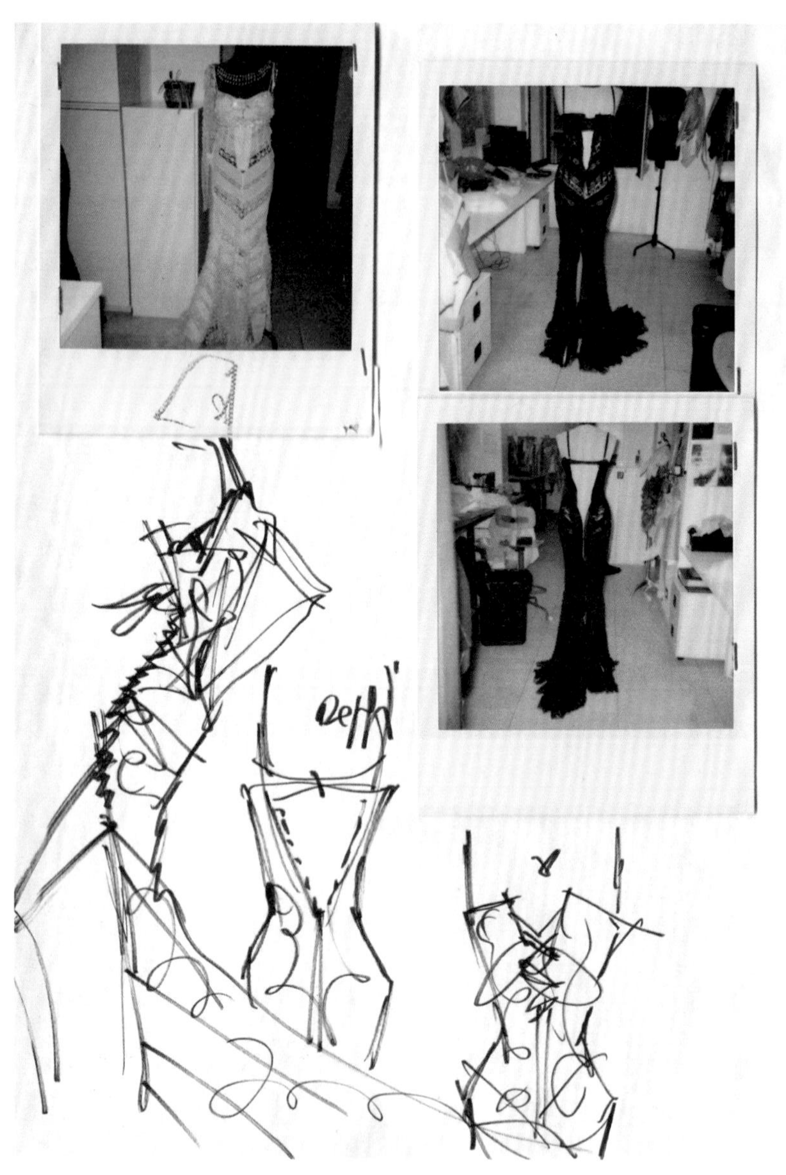

Doppio colore
bianco
nero

Stéphan Janson

史帝芬・詹森

布爾喬亞的最愛

生於法國

1 以米蘭為據點的法國設計師
2 風格摩登、小露性感、無時間限制
3 服裝受中產階級喜愛

他的風格隨每季服裝演變，不是激烈的變動，而是有延續性的改變。1992年，我在米蘭欣賞這位法國人的服裝秀，基於個人喜愛，他數年前即定居此地，很快便以摩登的訂製服風格打響名號。布爾喬亞階級身穿這名「法國設計師」的衣服，並且經常光顧他裝潢成摩洛哥室內庭院的服裝工作室……這些，都發生在米蘭市中心！

「我在13歲半時，有機會親臨Yves Saint Laurent的一場高級訂製服服裝秀，那真是光燦奪目。也是在那天我決心成為服裝設計師，而且運氣不錯，接下來成為了他的助理。」他回憶道。

他的客層是那種經常將新裝送到自己家中，以便自在試裝的講究女性。她會忠心地，一季接一季穿他的衣服，而且會以一件四年前的款式，搭配兩季前的外套，再以當季創作畫龍點睛。她會穿頌讚女性魅力的夏日洋裝、外套，或喀什米爾毛料的冬季大衣。「我喜歡為夏季創造歡樂無憂、小露一番的服裝，雖然性感，但穿上它的女人仍舊得體。冬季就比較具有都市味道，挑逗中帶有奢華的細節處理。」

Prada的包包和鞋子每一季都居領導地位。
及膝的裙長，多樣不飽和色彩，
復古或紮染的印花圖案，繡上亮片、黑玉、
水晶的上衣和褶邊，以及完美無瑕的軍裝剪裁。

Prada

普拉達

外剛內柔的領導品牌

1913年創立

1. 以皮件起家的家族企業
2. 配小金鏈的尼龍包為1990年代必備包款
3. 設計師Miuccia Prada熱衷時尚與現代藝術
4. 副牌為Miu Miu

風格簡練強烈，剪裁一絲不苟，材質選擇非凡的Prada最出名的就是黑色、海軍藍或栗色的尼龍包，配上援引自Chanel的小金鏈，成為1990年代的IT包款。時尚編輯愛用（真的超實用），幫它拍照，讓它變成多年來肩上的「必備款」。Miuccia Prada因此成為明星。她是祖父馬力歐的繼承人，後者為米蘭的皮件商，1913年創立Prada。在尼龍包的成功後，她推出成衣系列。夫婿Patrizio Bertelli更協助這位「知識份子與Coco綜合體」共創成就。

Miuccia過去是義大利共產黨的支持者，擁有政治學文憑的她，對時尚和現代藝術充滿熱情。2001年，為了慶祝品牌Miu Miu（Prada副牌，更年輕大膽，價格也較低）巴黎店開幕，夫妻倆就在巴西共產黨籍建築師Oscar Niemeyer[1]設計的法國共產黨總部裡，辦了一場令人難忘的宴會。

時尚派對歡宴至黎明方休，但我早料到這場化裝舞會太過盛大，先行返家睡覺。雖然不清楚派對最後如何畫下句點，只聽到翌日不分左派、右派的一致恭賀讚賞之聲……

Prada的包包和鞋子每一季都居領導地位。Miuccia已經建立出自己的一套時尚準則，在服膺時代性的每季時尚都可以看到以下細節：及膝的裙長，多樣不飽和色彩，復古或紮染的印花圖案，繡上亮片、黑玉、水晶的上衣和褶邊，以及完美無瑕的軍裝剪裁。如今Prada是個收購品牌的財團，不過，很可惜的是Patrizio Bertelli和某些設計師處得不太好，要不然應該能創造出一個時尚王國。

1　Oscar Niemeyer（1907-）被視為現代主義建築師，為1988年普立茲建築獎得主，知名作品如巴西新都巴西利亞、巴西教育與衛生部大樓（與柯比意合作）等。

Gianfranco Ferré

吉安弗朗科·費瑞

高貴優雅的尤物曲線

「我只是把樸素的絨布改造一番，
讓它隨著女人的身軀擺動。」
——Gainfranco Ferré

生於義大利｜1944-2007

1 喜歡灰色法蘭絨配白上衣的簡潔線條

2 風格高雅富建築量感

白白的鬍子，圓滾滾的身材，永遠穿著三件式西裝，Gianfranco Ferré是1980至1990年代義大利時尚的重要名字。我喜歡他早期的服裝秀：模特兒穿著打洞、刺繡的黑皮衣，如第二層皮膚般貼合這些高傲尤物的身體曲線，在當年令人耳目一新。他喜愛使用灰色法蘭絨搭配硬挺的白上衣，線條剪裁簡潔俐落。「十歲以前我都沒穿過牛仔褲，總是穿灰色法蘭絨長褲配白襯衫，那是我的制服，教育的產物。現在我只是把樸素的絨布改造一番，讓它隨著女人的身軀擺動。」

1989年他加入Dior，設計高級訂製服及成衣，他的服裝在高雅中帶有建築的量感、並且熟知材質（從人造絲到皮草）及剪裁技巧，國際媒體稱為「Ferré風格」，一種高貴優雅豪華的風格，顯示其價格不斐。他喜歡Dior，對我坦露不得不離開那裡的難過與失望。

Gianfranco與他表妹Rita是很討人喜歡的一對搭檔，我常在米蘭於每季服裝發表前與他們碰面。我們的會晤是一種友誼性慣例，喝杯義大利濃縮咖啡，Gianfranco為我展示款式，將這些華服再加以說明，或許，這是在重要的發表日之前，一種讓他自己安心的方式。原本他將在2008年慶祝設計師生涯三十週年。

Ferragamo

菲拉格慕

巨星御用鞋匠

1927年創立

1. 家族企業
2. 創辦人Salvatore Ferragamo遺留豐富發明專利與鞋款資料庫
3. 第二代Fiamma創造Vara長青鞋款
4. 企業投資跨足旅館業、葡萄園、橄欖樹
5. 品牌博物館1995年於義大利佛羅倫斯開幕

一個永遠在一起工作的家族。Salvatore Ferragamo於十六歲離開義大利前往美國，成為好萊塢的製鞋商，這位前鞋匠在明星及名人腳下度過了十三年歲月。1929年經濟大蕭條的危機使他返回祖國，到了1960年他過世時，已經登記超過三百五十種專利，留下逾兩萬種鞋型款式。這位完美主義者執著於雙腳的舒適性，因此發明了楔型鞋跟、彈性鞋面、透明尼龍線製成的隱形涼鞋、金屬或加套鞋跟、延伸到鞋面與鞋跟的貝殼式鞋底（一如芭蕾舞鞋）、在內底和中底之間支撐足弓的保護墊、防滑鞋底以及兒童學步鞋（鞋底有吸盤）。然而相反地，他也製作出「Game」鞋款——第一雙無帶淺口尖頭高跟女鞋。直到今天，每一雙Ferragamo的鞋子仍提供七種寬度。

我認識他太太Wanda和子孫輩。十六歲進公司的Fiamma，由父親一手訓練。1978年，為了搭配吸煙裝，她創造「Vara」鞋款，蝴蝶平結穿過一個鍍金鞋扣的包頭鞋，至今仍是常賣款；Fulvia掌理配件，Giovanna負責成衣系列，還有Massimo、Leonardo、Ferrucio……。

這是一個完美的家族，企業投資涉足豪華旅館、葡萄園、橄欖樹，不過，對某些人來說，這些副業可能有些偏離專業。過去，藉著成衣發表的機會，我每六個月會在米蘭見Fiamma（如今她已不在世了），這是一定得進行的工作約會（啊！這些廣告客戶們），後來逐漸產生好感，我希望對方亦有同感。然而，第三代（已經二十四歲）很快就被委以重責，決定要使傳統永垂不朽，於是1995年，Ferragamo博物館於佛羅倫斯的Palazzo Spini Feroni隆重開幕。

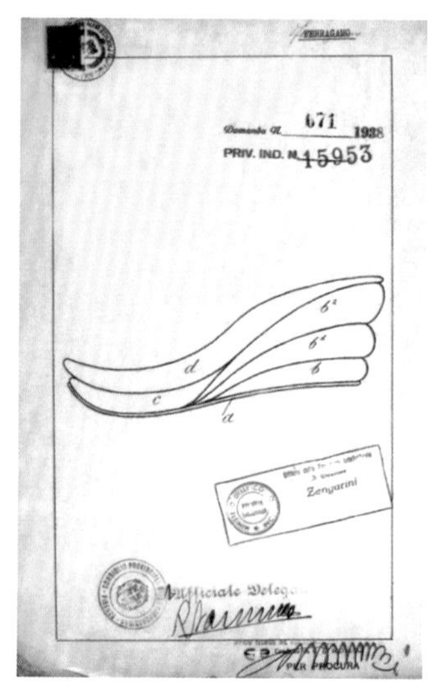

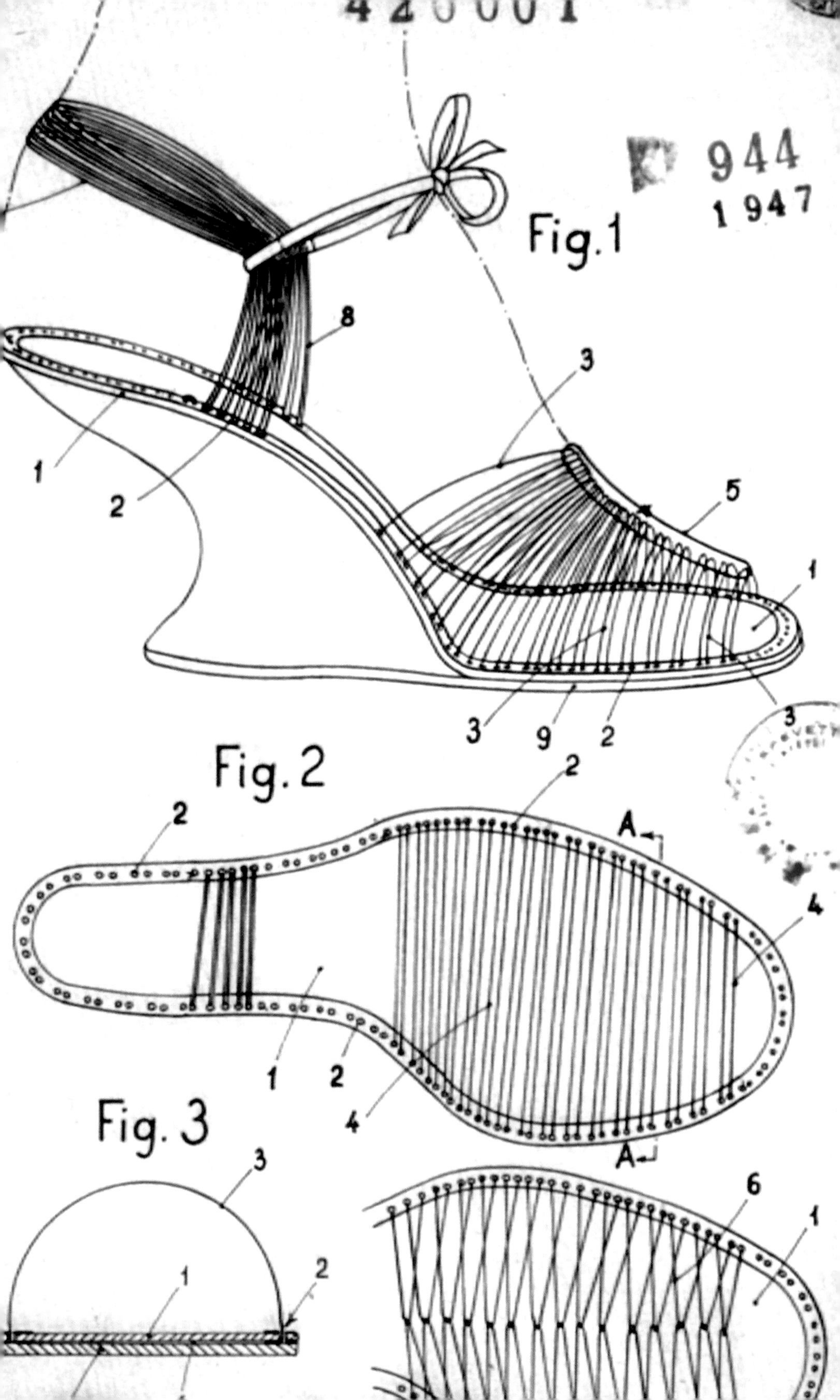
944
1947
Fig.1
Fig.2
Fig.3

La famille Missoni

米索尼家族
針織品的成功品牌

1953年創立

1 創造拼接條紋、曲線、圓點的新風格針織品

2 第二代發展從大衣到泳衣的完整成衣線

3 家居裝潢領域亦獲成功

還記得那天早上我從巴黎飛米蘭，下機後又搭了四十公里的計程車與Varèse會合，不過一到就有個驚喜——因為寒霧裡，大家長Missoni夫婦正在近百位員工中跳著法蘭朵拉舞（farandole）！「今天是媽媽生日，」他們的女兒笑著對我說：「所有的工坊要為她製造驚喜，你看到這裡的有些女工，年齡都跟她一樣大了。」

在Ottavio與 Rosita Missoni夫婦的努力下，Missoni在1960年代成為針織品的成功品牌。集合條紋拼接、鋸齒狀曲線和各式圓點，創造出或低調或搶眼的新式風格，美國人將這種處理編織的新方式稱為「匯組」。

配合米蘭時裝季的步調，大家長Ottavio及Rosita，一年會有兩次邀請到米蘭採訪的記者晚餐（義大利松露燉飯或墨魚燉飯）。我跟《費加洛仕女》的好友Nicole，會定期去跟這對熱情親切的夫婦碰面。有天晚上我們見到了接班人——他們的女兒Angela，她有真誠的笑容，和遺傳自雙親、充滿想像力的氣質。她以針織品為強項，重振時裝作品，創立名符其實的成衣線，從大衣到泳裝一應俱全。她的兄弟Luca和Vittorio，分別確保工坊及生意運暢無阻。從媽媽Rosita開始，就把設計才華投注到家居裝潢領域（很棒的家飾、傢俱織品和地毯產品線），跟時裝比起來，比較不受制於年輕主義和時下潮流，再次為品牌贏得勝利。

Tod's

陶德斯
以豆豆鞋打下精品江山

1920年代晚期創立

1 家族企業

2 以橡膠粒鞋底的豆豆鞋奠定品牌基礎

3 相繼發展包包和服裝系列

4 1999年推出D Bag大獲成功

Diego della Valle以「豆豆鞋」在精品市場打下江山，這種鞋底有一百三十顆橡膠粒的軟皮鞋，一直占有公司銷售的一半業績，打從1978年上市以來，鞋款就被抄襲，明星腳下穿著它，人們渴望擁有它。著名的Tod's鞋，靈感其實源自1950年代賽車選手穿的鞋子！Diego della Valle（業界稱DDV）的父親Dorino，在20世紀初創辦了家族公司，DDV是財務專家，也是一名充分瞭解自家產品的手作人。除了豆豆鞋，他製造的許多其他鞋款與包包也大獲成功，好比1999年的D Bag，或者像副牌Hogan和Fay，還發展出多項服裝系列，一推出就有很好的成績。他的兒子Emmanuele三十多歲，接替父親掌管這些在義大利精品業發展迅速的品牌。

在巴黎時，Diego跟我定期約在麗池飯店的酒吧談生意（廣告、露出、專案），配義大利開胃菜生牛肉薄片和香檳。若在米蘭，我喜歡到他位於威尼斯大道的豪宅。他是老練的生意人（可以只講英文，在同輩的義大利人當中很少見），懂得運用個人魅力為自己的聰明才幹加分。

Max Mara

麥絲瑪拉

含蓄的性感奇想

1951年創立

1 家族企業

2 代表作為材質剪裁俱佳的大衣

3 由Anne-Marie Beretta設計

4 企業跨足旅館、學校、橄欖油合作社、銀行業與當代藝術

5 眾多產品線共同特色為優質材質、含蓄的性感與奇想、優雅摩登風格

又是一段家族故事！

曾祖母Marina Rinaldi（品牌的孕婦裝系列即是以她命名）成為寡婦之後，開了一間小小的裁縫工作室。一件Max Mara，代表著由頂級材質裁製成的大衣，多年來一直由Anne-Marie Beretta設計，風格不致過於古典或時髦。當我為了工作，來到靠近波隆納的小城瑞吉歐・艾米利亞（Reggio Emilia）時，我發現幾乎整座城，都屬於瑪拉莫堤（Maramotti）家族（Max Mara由兩個字的簡稱組合成，Max原指「maximus」，意為「最大」，Mara是家族姓氏縮寫，因此Max Mara的意思是最大的家族瑪拉莫堤）。

從三十公里外環繞著小城的工廠群、接待家族訪客的主要旅館、縫紉學校、橄欖油合作社、「帕爾瑪乳酪銀行」（這麼叫是因為從前窮人用乳酪交換硬幣）到艾米利亞諾銀行及其三百間分行，都和瑪拉莫堤家族相關，這裡還有一個對外開放的當代藝術基金會，展示雕塑、繪畫、反映當今不同潮流的設計作品……表現另一種形式的Max Mara。

「但服裝才是我的正業。」集團總裁Luigi Maramotti對我說，他是Max Mara創辦人Achile的兒子，Marina的曾孫，他的個性很嚴肅，總是穿深色西裝，不過他說自己以前可是個蓄長髮穿花長褲的嬉皮青年，他管它叫「新嬉皮階段」。而後他接掌企業，旗下匯集了全球逾兩千家精品時裝店與二十三種服裝線，從Max Mara、Sportmax、I Blues到Marina Rinaldi。另外，別漏掉由他妹妹Maria Ludovica負責的Marella、Week-end、Piano Forte以及Penny Black。這些產品線的共同點在於皆選用優質材質，並且以含蓄的性感為基調，配上一點奇想，來塑造優雅摩登的風格，使創意能符合市場需求。

Valentino

范倫鐵諾

義式優雅的代名詞

生於義大利｜1932-

1 服裝風格極為女性、古典、優雅、超越時間與流行限制
2 熱愛藝術的收藏家
3 服裝深受女星名流喜愛

Valentino Garavani先後隨Jean Dessès[1]和Guy Laroche習藝。他的風格極為女性、古典、優雅，由於全世界旅行的富豪名流時常穿著他的服裝亮相，無意間助長了國際知名度。他的服裝漂亮迷人，超越時間和流行限制，有洋裝和適合晨間、下午、酒會、晚餐、晚會的成套衣服，人們可以根據個人社交生活需求更換搭配。我們向來不太熟，但我對他的工作始終懷抱敬意，他是偉大巴黎訂製服的一份子。1967年起他搬到羅馬宏偉的密格納內利宮，1988年他在辦公室接見我，裡頭擺滿了數不清的藝術品，令人大開眼界。

在一張小桌子上，我看到賈桂琳・甘迺迪、南西・雷根、蘇菲亞・羅蘭、伊麗莎白・泰勒和Ornella Muti[2]穿著Valentino衣服的照片，她們都到羅馬來試衣服嗎？不一定，Valentino坦承他非常幸運，因為有試裝人員在世界各地跟她們碰面。不管是待在羅馬阿皮亞街的家中、卡布里、瑞士的格斯塔德、紐約，或在他的船上，他每天都畫一百多幅草圖來維持公司每季推出的服裝系列：高級訂製服、成衣、度假服、針織品、牛仔服、內衣、男裝……「我的生命有一半時間在創作工作室度過，我不喜歡假手他人。」他對我這麼說。

2007年，在大肆慶祝公司成立四十五週年之際，他宣佈退休，將Valentino的女裝設計交棒給其他人[3]。

他是偉大巴黎訂製服的一份子。他的服裝漂亮迷人，超越時間和流行限制。

1 埃及設計師Jean Dessès（1904-1970）是1940至60年代重要服裝設計師，1937年在巴黎自創品牌，常由羅馬與埃及文物的傳統服裝汲取靈感。
2 歐奈拉・慕堤（Ornella Muti）是義大利電影女星，曾主演《預知死亡紀事》（1987）。
3 2007年先由Alessandra Facchinetti 擔任品牌藝術總監，2008年10月起改由Maria Grazia Chiuri和Pier Paolo Piccioli接掌。

Valentino 1966

名牌加名模的時尚旋風

高價名牌風潮，新秀輩出爭鳴

Christian Lacroix營造的巴洛克風格，
象徵1990年代潮流的開端。
各式風格與產品線讓時尚多了更多可能，
美女不再侷限於金髮、褐髮或混血兒。

une décennie qui consacre de nouveaux talents

1990

l’image du luxe prend son envol

90

Trend

1 名牌奢華形象自80年代晚期盛行
2 義大利設計師備受器重
3 超級名模取代女星地位
4 Christian Lacroix的巴洛克風開啟90年代潮流
5 Gaultier成為繼聖羅蘭之後最重要的法國設計師
6 Karl Lagerfeld以大師之姿掌領Chanel並為Fendi、Lagerfeld Gallery設計服裝
7 品牌Gérard Darel復刻名人配件行銷策略奏效
8 Corinne Cobson推出巴黎風情作品
9 Hervé Léger的彈性帶伸縮緊身洋裝獲時尚媒體青睞
10 日籍及韓籍時尚後輩小佔一席之地
11 Giorgio Armani風格影響Donna Karan及Calvin Klein所代表的美國簡潔時尚

Keyword

Christian Lacroix、Jean-Paul Gaultier、Karl Lagerfeld、超級名模、巴洛克風、簡約奢華、美國時尚

時尚名人——名模輩出

奢華形象從1980年代晚期開始盛行，名牌以高價向講究美感派頭的菁英人士彰顯這股風潮。品牌Christian Dior網羅了Gianfranco Ferré，顯示出義大利設計師們備受器重。在歐洲，超級名模取代了明星，電影女星則更加強調她們的智慧與才華，而非外貌。Claudia Schiffer、Nadia Auerman、Eva Herzigova，是比Stéphanie Seymour或Linda Evangelista稍晚一點的名模，在當時有著不可動搖的崇高地位。

時尚名人——新生代大師

Christian Lacroix營造的巴洛克風格，為人們帶來更鮮艷有趣的女性形象，他的首次服裝秀發表於1987年，之後一直維持大膽突破、色彩豐富、歡樂的設計風格（這在高級訂製服跟成衣界都屬創新），象徵1990年代潮流的開端。1980年代前途看好的Jean-Paul Gaultier，設計才華大鳴大放，十年後，他變成自聖羅蘭以來最重要的法國服裝設計師；況且，他們兩人同樣熱愛風衣、水手條紋套領衫、長褲套裝和雙排釦厚呢大衣。

Karl Lagerfeld以無可置疑的大師之姿掌領Chanel，這是當時最令人期待的服裝秀，到今天依然如此。他也統管Fendi和自己的服裝線Lagerfeld Gallery。同一期間，由Darel家族購入的賈姬甘迺迪的項鍊，復刻後於Stéphanie Seymour的頸項重現光芒，廣告形象奏效，讓品牌Gérard Darel大獲成功，此後一再重複同樣的操作策略。

**奢華形象開始盛行，
名牌以高價向講究美感派頭的
菁英人士彰顯這股風潮。**

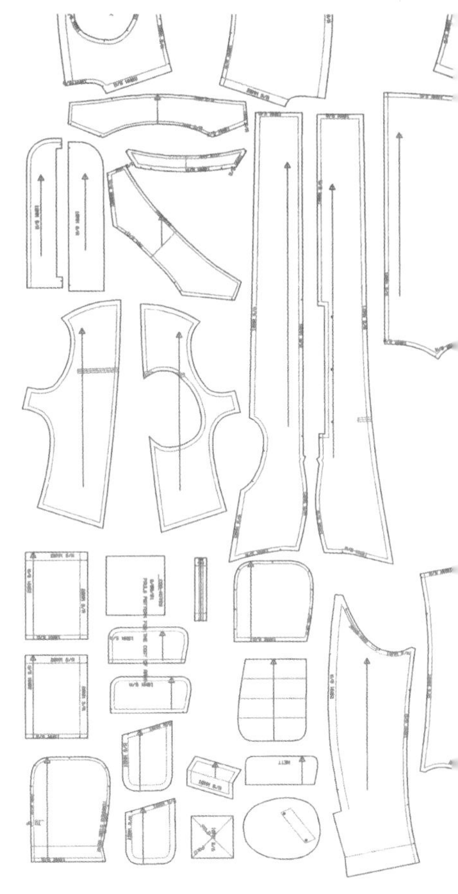

流行風潮——多元融合

1990至2000年間新秀輩出。才華煥發的Corinne Cobson帶來極具巴黎味的風格（不愧為Dorothée Bis設計師Jacobson夫婦的千金）。不拘一格的Gilles Rosier創立品牌GR816。頗具天賦的荷蘭人Josephus Melchior Thimister，1997年在巴黎成立自己的高級時裝店和成衣線。Hervé Léger的洋裝，以特殊彈性帶和伸縮萊卡設計裁製，完美包覆身軀，同時取悅了時尚記者。擁有法國及瑞典血統的Marcel Marongiu，擅於運用嚴寒北方常用的天然材質，以及像針織品、平紋細棉布、紗這類最輕盈飄逸的料子，2008年他接掌Guy Laroche的成衣設計。比利時設計師Véronique Leroy，自1991年首次服裝發表以來，便充分嶄露天份與高超技藝，多年來不曾間斷，她同時也為品牌Léonard設計服裝。至於日籍的時裝新秀Koji Tatsuno（立野浩二）、Hiromishi Nakano（中野裕通）、Tsumori Chisato（津森千里），他們追隨前輩的腳步在巴黎發表時裝秀。另外，韓國設計師Moon Young Hee（文英姬）和Lee Young Hee（李英姬）也小佔一席之地。

各式風格與產品線讓時尚有了更多可能性，美女也不再限定是金髮、褐髮或混血兒，名模輩出，許多人仍認同由Giorgio Armani創造的高級典雅簡練風，而且以此為雛型，設計變得更加簡單純粹，最知名的是以簡約表現奢華的Donna Karan以及後來的Calvin Klein，美國設計師以洗練優美的剪裁、高級作料、無彩色調，創造出獨樹一格的「美國時尚」。進入21世紀後，Alber Elbaz、Marc Jacobs、Narciso Rodriguez、Nicolas Ghesquière這一輩的設計，即受到他們的影響。

Dominique Sirop

多明尼克・西羅

華麗時髦的極簡主義

生於法國｜1956-

1 於Yves Saint Laurent服裝工坊習藝

2 在Givenchy工作十一年

3 1996年成立高級訂製服品牌

一開始他在Yves Saint Laurent的工作室習藝，在他眼中那裡是「一所充滿奇想、色彩、生氣勃勃的學校」，然後他到Givenchy待了十一年，「他教會了我什麼是精確嚴謹」，接下來好幾年時間，他在時尚界銷聲匿跡，跑去寫作了。出了兩本書，一本談服裝品牌Paquin，他母親曾任該偉大品牌的模特兒；另一本有關女演員Jacqueline Delubac，「她是能代表時尚的女性，會拿1950年代的Chanel搭配今天的Alaïa」。隨後於1996年，他首次發表高級訂製服系列，走秀地點就在十八世紀的歷史建物內。

「大家都宣稱高級訂製服已死，但我願意放膽去闖。為什麼要想像它已消失呢？這是另一門服裝業，有它的空間，有量身訂做的奢華款式，而且我要為它全力以赴。它是一種時下的風格，扣緊我們的現實生活，我不懂為什麼服裝會走回頭路？回到套裝？時尚業是不斷演變的行業，它跟著時代走或跑在前頭。我喜歡置身於這股洪流中。」

**「大家都宣稱高級訂製服已死，
但我願意放膽去闖。
為什麼要想像它已消失呢？」
——Dominique Sirop**

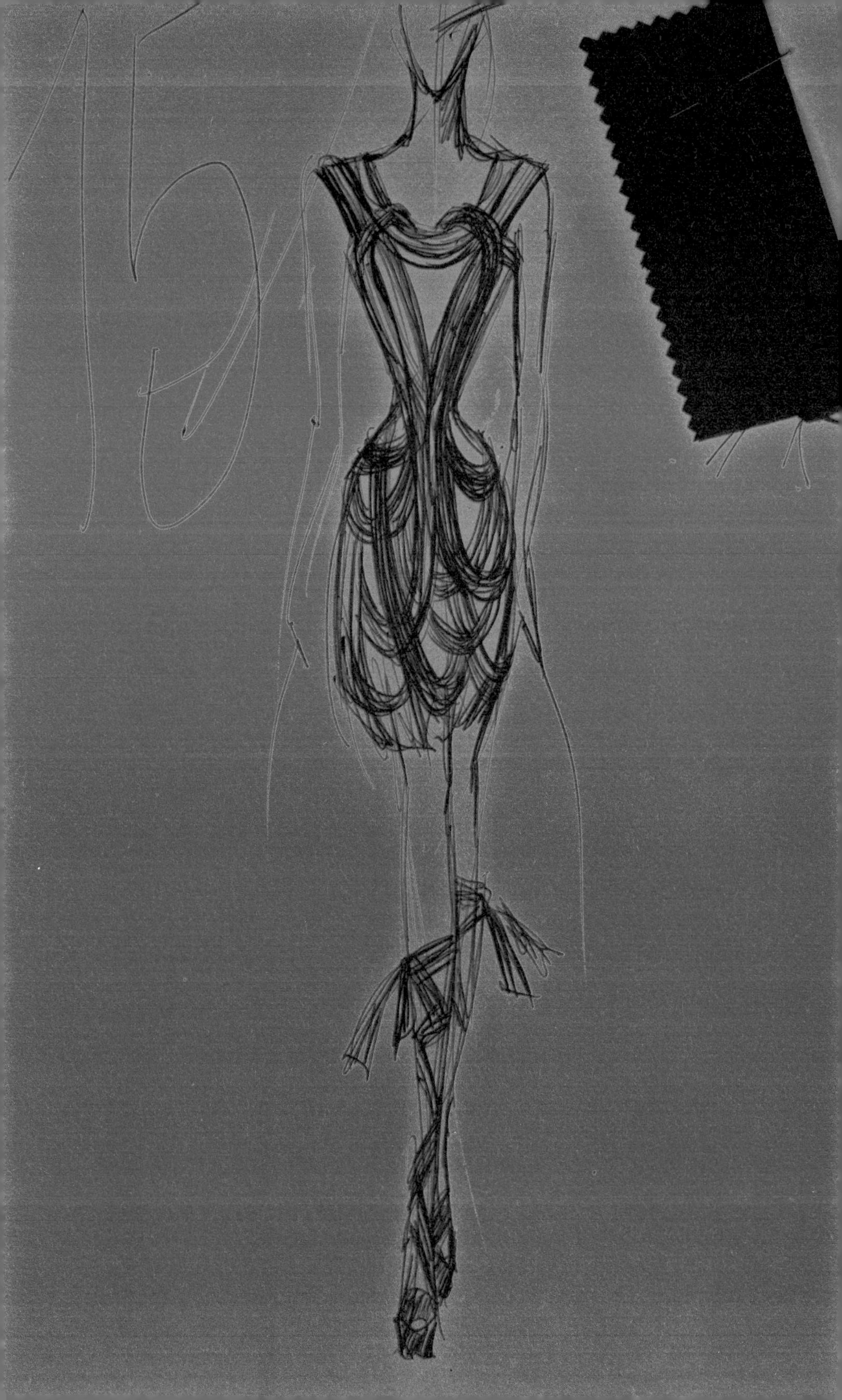

FRANCK
SORBIER

Franck Sorbier

法蘭克·索爾比埃

詩人般的手藝人

生於法國 | 1961-

1 講究布料的詩意風格
2 重視簡單結構與剪裁
3 1999年起只創作高級訂製服
4 搭檔Isabelle負責手繪蕾絲和薄紗圖案

1991年，他在拉法葉百貨公司展售五件外套，迅速成功賣出。但他很快便停止設計成衣，全心發展高級訂製服，詩意的風格立刻就迷住我了。他是詩人般的手藝人，講究布料，能將想像化為一件件創作。他說，「我喜歡撫觸布料，雙宮絲塔夫綢浮雕般的凸起、彩色絲製緞帶、未拷克的鏤空花邊、緊緻的平紋細布、蕾絲的片片圖紋、織有絲絨圖案的薄紗……而且我特別重視簡單的結構和剪裁。打從1999年起，我就只做高級訂製服，如果我不喜歡就歇手不做。」不過這一行很合他的意，因為可以完全掌控自己的藝術。他的服裝深受行家賞識，卻沒有賺進大把鈔票，或許因為背後沒有金主支持的緣故。「才子尋找贊助人」我曾如此寫道。

2007年5月，聽說蒙田時裝集團收購了公司部分資產，讓他有辦法繼續發展下去。

兩個月後，他發表的服裝更豪華了，透過他充滿個人特色的手繪草稿，可以看出Franck對待藝術和甜美小細節一樣用心，他畫的人物，或許會讓人聯想到與他密不可分的搭檔Isabelle，她替他手繪蕾絲和薄紗，細膩的手工能畫出像北極光閃耀的細緻色調變化，令人嘖嘖稱奇。

我逐季觀察他的服裝，每回都向他表達讚美之意。只有一次例外，那次他突發奇想要在巴黎洲際飯店歌劇廳和馬一起走秀，這主意的確很棒，但我端坐第一排，因為看見一匹馬向後退而心生懼意，牠邊跺蹄，邊朝我的方向退過來，騎在上面的模特兒看起來無力駕馭，我從座位上彈開來，整個人坐到鄰座身上，「那是設計好的效果。」事後他這麼對我說……

BRODER MÉDICIS
DMC
LAINE TAPISSERIE 25 m
Couture
Hiver 2003 . 2004

Franck SORB
Haute Cou
Hiver 2003

「時裝是恆久的劇場，戲服誕生自想像的小說。」

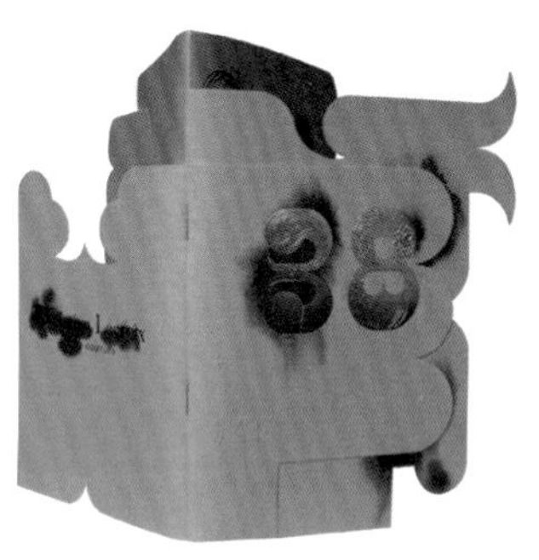

Christian Lacroix

克里斯堤安·拉夸

巴洛克風的時尚劇場

生於法國｜1956-

1　將高級訂製服拉抬為媒體焦點
2　用色鮮豔愉悅
3　身兼時裝、舞台服裝設計師並跨領域操刀設計
4　華麗的巴洛克風格

他彬彬有禮、風度翩翩、很有修養，是一位總是輕鬆開朗的朋友，更是一位偉大的藝術家，將高級訂製服變成媒體注目焦點。於公於私，我們都一直保持往來。我曾經在他第一次高級訂製服發表Christian Lacroix（1987年）的準備工作跟了一整天，為他的Arlésiennes系列大力鼓掌，於他出場謝幕時擲出康乃馨，在他的第一款香水C'est la Vie（已經停產，之前我都用這款香水）上市前吸聞它的甜香調，而且購買他設計的成衣。不過我稱不上Christian的活廣告，因為選的都是深色或中性色調的衣服，像是黑色、栗色、波爾多酒紅色，他懂得如何讓這些顏色顯得輕快愉悅……說實在的，我的選擇對一位色彩大師而言真是侮辱啊！

「過去二十年來，我一直為不同個體工作，但進行創作的方式一致。」他對我說：「不過，在潮流之外，這一行的行銷方式才是這二十年間的重大創新。」二十年當中，他在各個領域實踐個人設計風格：裝潢高鐵車廂、改寫《小拉胡斯字典》（*Petit Larousse*）章節起首的裝飾字母、重新設計裝潢旅館、構思餐具用品系列、撰寫自傳體小說《誰去彼方？》（*Qui va là?*）、2005年設計法國航空制服、為Gucci設計好幾季服裝……

他身兼時裝與舞台服裝設計師，為歌劇、戲劇、芭蕾舞劇所創作的服裝已於數個大型展覽展出。不過，這位時尚名家仍舊是巴洛克風格設計師，他如此定義這個他最愛的風格：「在幻夢昇華世界裡的死亡象徵，充滿華麗的形象。事實上，揉合色彩、寶石、首飾、刺繡的法國南方特質，就與巴洛克很接近。在我的服裝中一切都很簡單，用一顆珠寶鈕扣定調、袖子上加一片刺繡等等。因為時裝是恆久的劇場，戲服是誕生自想像的小說。」這些出色的素描怎麼來的？「從寫作而來，書寫是圖畫的開端，雖然我寫東西慢得像蝸牛。」他解釋道。Lacroix近乎抽象藝術的素描和各式創作，散發出百分百的華麗與豐富創意。

Couture, route imaginaire,
Buissons ardents, poussières de fleurs,
Lumière d'été, vols d'éphémères,
Moineau chic en rupture de ciel,
Cherche surtout un arc-en-terre
Sous le nez de la Tour Eiffel.
F.L.
Petite Lady de Belgravia
Qui rêve aux rives du Bosphore
Échappe au manoir où tu dors
Et prends le thé au Sahara.
F.B.
Textures rares d'aquarelle,
Pâleurs transparentes ajoutées,
La nonchalance naturelle,
Délie pour mieux le détailler,
Le plaisir qu'elle a d'inventer,
Un paradis artificiel.
F.L.

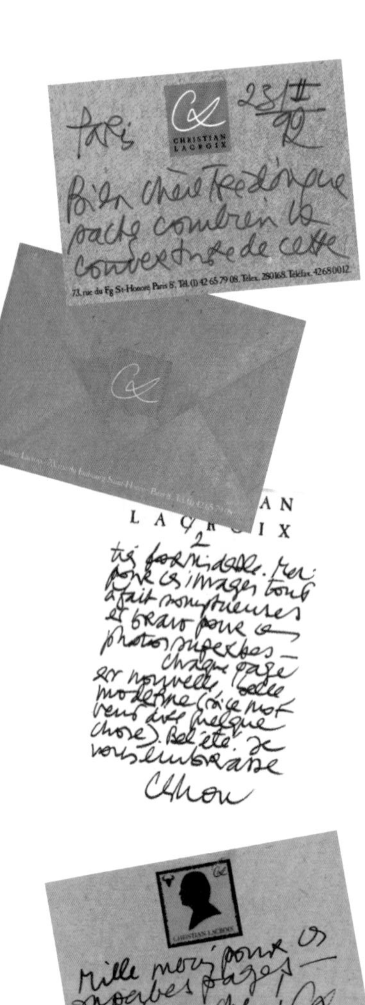

Paris
CHRISTIAN LACROIX
23/II/92
Bien chère Frédérique
sache combien la
couverture de cette
73, rue du Fg St-Honoré Paris 8e, Tél. (1) 42 65 79 08. Télex. 280168. Téléfax. 42680012
LAÇROIX
2
très formidable. Merci
pour ces images tout
à fait somptueuses
et bravo pour ces
photos superbes —
chaque page
est nouvelle, belle
moderne (c'est le mot
juste avec quelque
chose). Bel été. Je
vous embrasse
Christian
CHRISTIAN LACROIX
Mille mercis pour ces
superbes pages —
À dimanche! CL
73, rue du Faubourg Saint-Honoré Paris 8

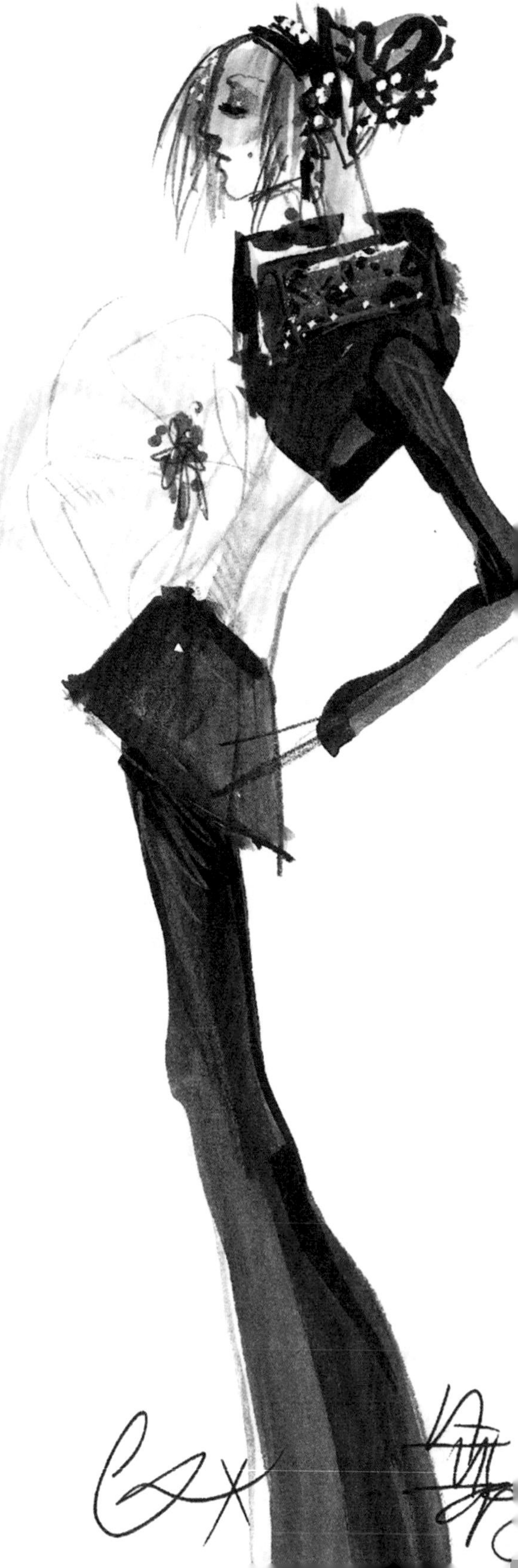

1997

Renaud Pellegrino

雷諾·佩雷格里諾

時尚晚宴的璀璨焦點

1　由製鞋起步轉攻包包設計
2　持續嘗試新材質
3　擅長袖珍型晚宴包

「我一開始學製鞋，但後來很想作包包，就用縫合靴子的機器車了一個……邊轉邊作。」從1985年開始，Renaud Pellegrino設計並製作包包，大膽嘗試各種可能材質：「我一直在做新嘗試。要進行創作，我會從一張設計圖或由一種材料出發，視情況而定。」他習慣先在一大張白紙上信手塗畫構想，接著用水彩為這些草圖上色。他解釋：「要讓一個新款包包具體成真，思考比創意多更多。首先忘掉動作、技巧，接著再回到經驗技能，因為品質是不容妥協的。」

他似乎偏愛體積袖珍的各式晚宴包：手提包、手拿包、皮夾，以及綴有半寶石的緞面硬殼包。曾經同意將一位女性客戶的一串珍珠，加工改造為硬殼晚宴包的墜穗。「晚宴包要能配合手部動作又要能擱在桌上，無疑是種裝飾性的配件。」

「要讓一款新包包具體成真，思考比創意多更多。因為品質是不容妥協的。」
——Renaud Pellegrino

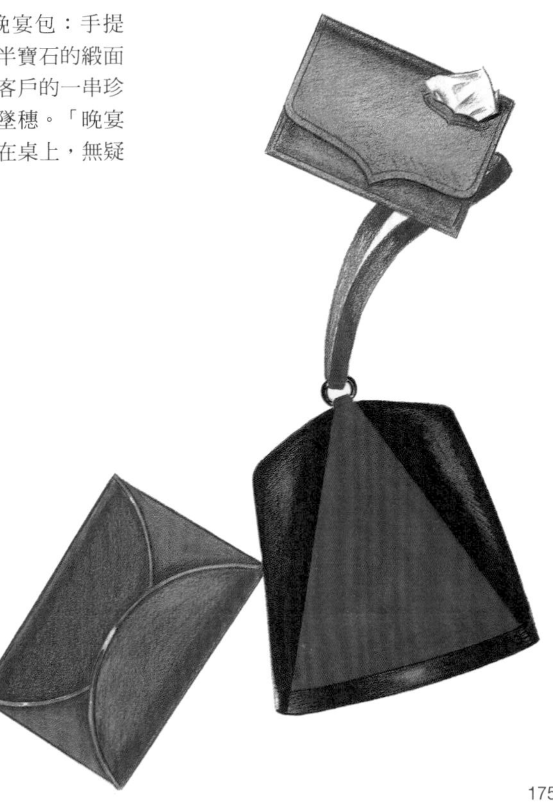

Dominique Morlotti

多明尼克．摩洛帝

來自電影的時尚熱情

生於法國

1 曾任Dior男裝、Lanvin男女裝藝術總監

2 男裝廣受政商影視名流喜愛

3 狂熱電影迷

在創立以自己名字命名的服裝線之前，他曾是Dior與Lanvin兩大品牌的藝術總監，為Lanvin設計男裝系列Il pour Elle，也懂得打造一流晚禮服。

在男裝領域，他有辦法讓各類型男士都穿上他的衣服，其中包括政界、表演藝術、電影圈的名人：「我的熱情來自去電影院看電影，不是來自幫人體模型穿衣服。」他是狂熱的電影迷，影迷俱樂部放映他過去拍攝的精緻黑白片，本人也曾在不同片子客串些小角色。這些經歷，讓他現在可以跟大明星談服裝，也可以針對專業人士提供穿著要領，像是避免穿著會干擾對話者視線焦點的條紋衣服……

1992年，Lanvin和Dior兩大品牌「互換」男裝設計師，Dominique Morlotti離開Dior到Lanvin， Patrick Lavoix則自聖多諾黑區街的Lanvin出走，進入蒙田大道的Dior公司。

Martine Sitbon

瑪汀娜・席特本

尋找衣服靈魂的感性女子

生於摩洛哥｜1951-

1 曾任Chloé設計師
2 創作常從電影明星、流行音樂汲取靈感
3 圖案富浪漫主義、剪裁精確、肩線服貼

在1990年代的設計師浪潮當中，她無疑是最引人注目的其中一位。1988年，她為品牌Chloé設計出很有訂製服味道的服裝系列，講究結構，毫不累贅，令眾人驚豔不已。「創作時我從不會想到自己，」她在今年Chloé服裝秀的後台對我說明：「我比較喜歡拿偉大的電影明星當範本。我年輕時收藏了成堆圖像，當我畫出一個明確身型時，人物自然會帶出一種氛圍或環境，總讓我聯想到電影裡的女英雄。我的創作跟流行音樂也很有關係。不過，我的靈感來源常常變，可以從科幻漫畫的芭芭芮拉（Barbarella）換到普魯斯特書中的女主角，或從我的男裝系列跳到當代藝術！」

但她對設計還是有不變的想法：她向來喜歡結合浪漫主義的圖案，剪裁精確，比例合宜，肩線服貼，再讓想像盡情馳騁於新穎的布料和迷人的細節上。2007年，她以結合工作室與賣場的公司新總部地址Rue du Mail，為新創的服裝線命名，這一系列服裝出現抓褶衣領，衣袖線條爽朗俐落，平紋毛料洋裝上有刺繡褶襉，裙子更襯以塑膠薄條彎出造型。「在這個地方，人們可以看到創作如何變成真正的服裝。我的設計對象，是那些尋找衣服靈魂的感性女子。」

pour Frédérique

noeud en lacet de cuir autour du

petit pull en cashmere n
crochets

pour Balman
A/H - 1999

Gilles Duf
PARIS

Gilles Dufour

吉勒・杜福爾

享用精品不必掏空口袋

生於法國

1 曾任Chloé、Fendi、Chanel的藝術總監
2 為連鎖集團Eram、Monoprix設計大眾化成衣
3 對細節處理格外精確講究
4 女裝年輕、俏麗、摩登、價位適中

他曾是Pierre Cardin的助理，後來有十五年時間跟Karl Lagerfeld配合，擔任品牌Chloé、Fendi、Chanel的藝術總監。他也曾為Balmain設計成衣，服裝散發俏麗的摩登女性風格，本來很有可能像Balmain暢銷香水Jolie Madame一樣成功，但他只待三季就離開了，真是可惜。

接著他為製鞋集團Eram和生活百貨連鎖超市Monoprix設計產品。怎麼會從精品服裝走到大眾化商品呢？「把我在高級訂製服工坊學的那一套，運用到一般人會購買、穿著、欣賞的產品，我覺得挺有意思的。我在工作上學會的可靠精確，可以讓更多人分享。」

在他眼裡，細節處理一定要更講究才行。譬如採用品味高雅的絲質襯裡，或乾脆不加襯裡呈現樸素自然的感覺；如果不是布面鈕扣，就改用寶石鈕扣；喀什米爾毛織物則綴滿亮片。Gilles Dufour的個人服裝線，針對活潑慧黠的年輕女性設計，一個喜歡精品但不用掏光口袋的女性，而且喜歡笑，就像他一樣。

她的服裝兼具古典與現代，
近似美式都會時裝，
對於混合天然或科技材質超有天賦。

Barbara Bui

芭芭拉·畢

都會熟女的中性女人味

生於法國｜1956-

1　服裝風格兼具古典與現代
2　擅於混合材質及皮革處理
3　作品流露中性氣質的女人味

這位劇場出身的迷人演員，父親是越南人，母親為法國人，後來改往時裝界發展。1992年，我在她負責春天百貨自營品牌Boulevard Haussmann時認識。她的服裝兼具古典與現代，近似美式都會時裝，對於混合天然或科技材質超有天賦，非常擅長處理皮革。她喜歡樸素的色調，搭配合宜的配件，整體是帶有中性氣質的女人味。同時，她也發展自己的服裝線，成績斐然。

1999年，我在紐約遇到決定到那裡發表服裝秀的Barbara。她已經在巴黎十五年了，開了精品服裝店Kabuki，創立Barbara Bui旗艦店，又推出第二條服裝線Initials，為什麼還要去紐約呢？「在那邊，年輕設計師被視為明日之星。在巴黎，我們被淹沒在一群知名設計師底下。」結果有十多名記者出席，大家對她的設計鼓掌叫好，並參加她於紐約蘇荷區的新時裝店開幕。很快地，她在米蘭又開了另一家店。

西元2000年之後，Barbara不復「淹沒在一群巴黎知名設計師底下」，成為時裝與設計師公會的一員，為了慶祝，她推出更世故優雅的新服裝線Bui，以及以個人名字命名的香水。

La silhouette
de l'homme
Dior
pour l'Été
2001.

Patrick Lavoix

派崔克・拉瓦

靠天份踏入時尚

1　曾先後擔任Lanvin、Dior男裝設計
2　轉行設計家飾家具

他在Dior待了九年，用傳統的法式儒伊布做出最時尚的背心和領帶，為參加董事會、晚宴或休閒度假等出席不同場合的男士打造服裝。

「我從沒有在服裝學校上過課，」有天他在Lutétia酒吧對我透露：「我只有在製革廠工作過，因為我喜歡皮革的氣味和觸感。一開始我先幫Yves Saint Laurent畫鞋子設計圖，後來被當時Lanvin的藝術總監Jules-François Crahay網羅負責鞋子部門，很快地，我就被指派負責Lanvin的男裝設計！」稍稍停頓回味他的「男裝裁縫師」生涯後，他接著說：「今天要當一名時尚設計師，必須為自己創造出一個角色，流行就是一場秀，我們都是演員，但我始終忠於自己。」現在，這名「演員」轉換跑道，改設計家具去了，2004年他的作品參加家具家飾展時，我在展場還遇到他。

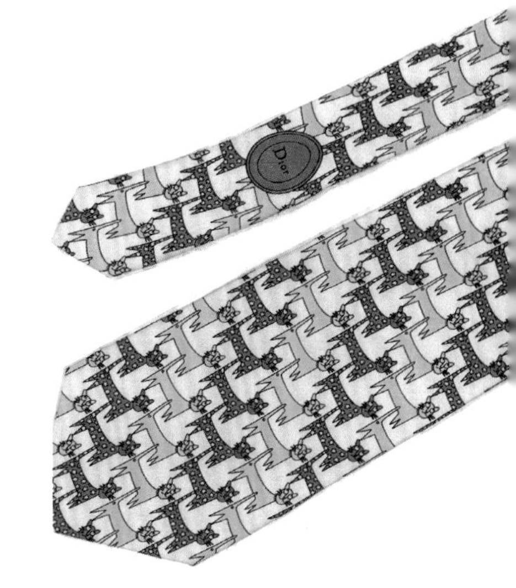

Eric Bergère

艾瑞克・貝爵爾

簡潔中見魅力

生於法國｜1960-

1 二十歲入主Hermès負責成衣線設計
2 自創品牌亦與不同品牌多方合作
3 擅長為基本款服裝增添魅力與色彩
4 歌手艾爾頓・強的偏好品牌，在日本享高知名度

Eric Bergère在他的出生地特魯瓦市（Troyes）研習服裝，接著到巴黎高等國際時裝設計學院就讀，1980年他進入Hermès，負責讓成衣線年輕化，這時他才二十歲。「為經典的真正內涵工作，感覺實在很像一見鍾情。」他對我說道。他在那裡待了九年，直到1995年才推出個人同名品牌Eric Bergère。同時也與不同品牌多方合作：義大利的Erreuno，以及法國的Lanvin、Electre、Gérard Pasquier和Gérard Darel。

他才華洋溢，知道如何為一件簡單的普通衣服添加魅力與色彩，從回歸基本的多種服裝線可以看出來，像他為休閒老牌Aigle所做的新設計就非常巧妙。對於男裝女裝，他一樣擅長，歌手艾爾頓・強喜歡他設計的雙排釦大翻領厚呢短外套、及膝禮服大衣以及有腰身的西裝。在日本，他是服裝界的明星，今天，這位設計師值得在他自己的國家享有更高的知名度。

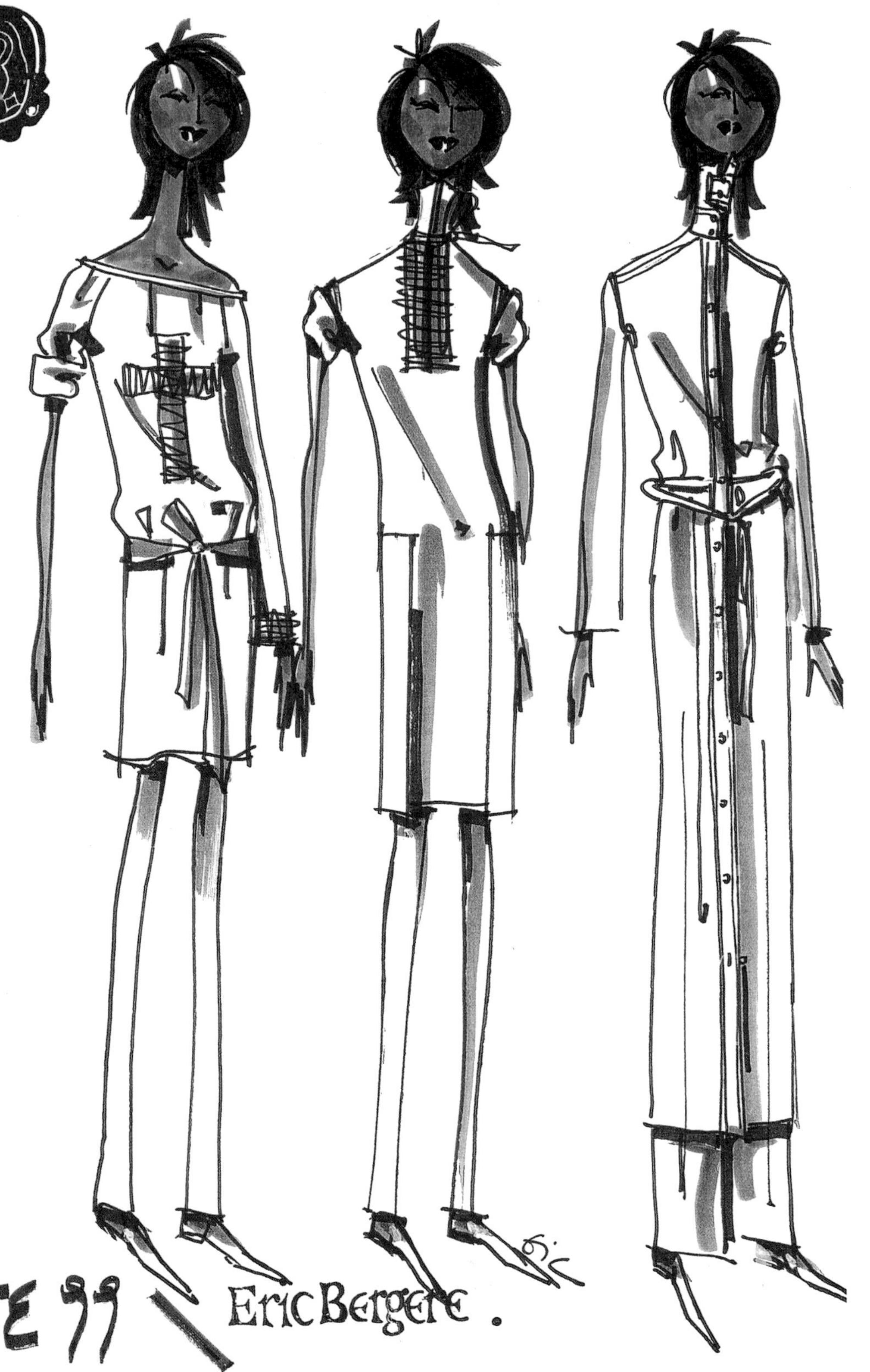
E 99
Eric Bergere .

une ou deux pièces
façon guipure

「做這一行，不能老是依賴誘惑有錢的女士或是靠配件，還有別的方法可行。」
——Olivier Lapidus

Olivier Lapidus

奧利維耶·拉皮迪

時尚就是一間穿衣實驗室

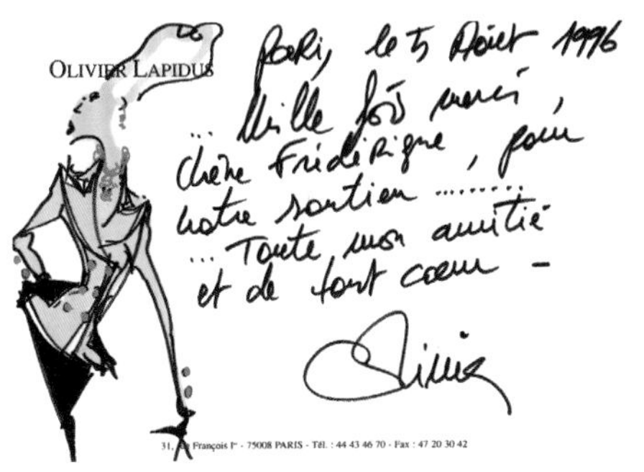

OLIVIER LAPIDUS

Paris, le 5 Août 1996
... Mille fois merci,
chère Frédérique, pour
votre soutien ....
... Toute mon amitié
et de tout coeur -
Olivier

31, ... François Ier - 75008 PARIS - Tél. : 44 43 46 70 - Fax : 47 20 30 42

生於法國｜1958-

1 時裝風格富年輕精神
2 貫徹設計手法與材質必須前衛的信念
3 視服裝業為研發實驗室

他的父親Ted Lapidus，是1960到1970年代大紅的設計師，姑媽Rosette Mett則以品牌Torrente為政界女性穿衣打扮，母親為前法國小姐。Olivier追隨家族榜樣朝服裝界發展，於巴黎製衣公會學校修業結束後，前往日本深造，並在當地推出以Olivier Montagut為名的服裝品牌。他跟父親鬧翻了，所以不用他的姓，不過，後來雙方還是言歸於好。他回到法國，設計結婚禮服和富有年輕精神的時裝，他抱持一個堅定的信念：手法要前衛，尤其是材質。他的服裝樣品通常附一張說明書，解釋使用的布料纖維：運用微膠囊技術散發香味的織料，會發光的布料以光纖織造而成，服裝用熱溶膠接合，可設定加溫的雪衣利用光能傳導……對他而言，服裝業就是一間研發實驗室：「做這一行，我們不能老是依賴誘惑有錢的女士或是靠配件，還有別的方法可行。」他如此斷言。

90

La mode américaine

美國時尚

Trend

1 Norma Kamali帶領美國時尚風潮首先起跑
2 融合運動風的都會時尚
3 以強力形象操作為品牌後盾

美國設計師Norma Kamali的服裝所表現的原創風格，跟不久之後一般人所謂的「美國時尚」完全不同，譬如像是她的晚宴T恤、好萊塢式泳裝、極度世故優雅的萊卡針織洋裝和短裙。1985年，我在紐約看到她創意四射的服裝系列，立即擄獲我心。她喜歡玩不尋常的材質，用降落傘布裁製創意十足的洋裝，或在肩膀披上毛巾料的工作罩衫。她的睡袋風格大衣，是羽絨外套的鼻祖，紙製的可拋式旅行服，還禁得起丟到洗衣機洗幾次呢。

我沒想到，五年之後，到了1990年代，美國時尚建立起自己的聲望，卻朝另一種相反風格發展，偏好生產的服裝線算不上革新，而是透過有聲有色的形象與溝通操作當後盾。美國時尚無論如何都屬於都會風，融合不同的運動時尚風潮，採用時下風格當中最平易近人的流行趨勢構思。

Oscar de la Renta

奧斯卡・德拉倫塔

給那些貴婦想要的東西吧!

生於多明尼加共和國｜1932-
1 曾擔任Balmain高級訂製服設計
2 從巴黎轉往紐約時尚界發展
3 服裝充滿女人味
4 作料精細、剪裁突顯身材

他出生於聖多明尼克島，娶了法國太太後曾在巴黎工作生活，目前定居於紐約。我在1980年代與這位迷人的男士相遇，不是談服裝，而是談人道主義：他贊助聖多明尼克島的一家孤兒院，收容在他出生島嶼上失親的孩子，當時他剛主持完孤兒院的開幕儀式。1993年我第二次碰到他，他眼中含淚，因為剛剛得知好友奧黛麗・赫本過世的消息。我心想訪談可能要暫延了，但他說：「這就是人生，我們繼續吧。明天就是服裝秀了。」我們人在弗朗索瓦一世街Balmain公司的試衣間，他已經連續三季幫Balmain設計令人迷醉的高級訂製服系列。十年後他離開此地，專注於個人在美國的服裝線。真是可惜，他對巴黎作戲般的服裝秀感到失望。

在紐約，他致力於自己最擅長的事：構思巧妙的服裝洋溢美妙的女人味，作品帶有訂製服的魅力。他的服裝作料精細，剪裁能突顯身材，卻不至於太過火或太挑逗。坐在他服裝秀會場前幾排的，都是一群動過拉皮手術的苗條女士，這些人可都是美國的名媛富豪。

Michael Kors

麥可・寇爾斯
享譽盛名的美國大師

「我做喜歡法國女人的天馬行空，
她們勇於接受一眼愛上東西的衝動。」
——Michael Kors

生於美國｜1959-

1 曾為Céline設計服裝
2 揉合美、義、英、日、法等各式風格的基本調性
3 愛用毛皮、絲、喀什米爾等奢華頂級材質
4 服裝線呈現折衷的古典風貌

他的母親曾是模特兒，家族從事紡織業。他曾在巴黎為名牌Céline設計出非常成功的服裝系列，同一時間還在紐約經營自己的服裝線。他喜愛精品，說白了就是奢華精品，運動休閒服會用上頂級材質（鱷魚皮、栗鼠毛皮）。身為完美主義者，他會堅持一再調整服裝樣式，直到得出完美的垂墜為止。而且他一絲不苟，有天，我在蒙田大道的Céline服裝精品店，看見他教導女店員該怎麼銷售……但她們始終聽不懂他的紐約腔。

他喜歡基本調性：美式的古典主義、英式魅力、義大利的完美剪裁、日本人對材質的敏銳。在巴黎待了幾年，他掌握到法國女人的天馬行空：「我最喜歡的，是她們勇於接受一眼愛上某樣東西的衝動。她們可以買下一雙紅鞋，即使連適合搭配的衣服都還沒譜。美國女人從來不會這麼做！美國女人挑件洋裝，會問自己一堆問題：這個布料在工作的時候穿會不會太熱？從行李箱拿出來時會不會縐巴巴？……」他自己的服裝線永遠有折衷的古典風貌，絲製慢跑褲、精緻華麗的晚禮服、法蘭絨裙或粗呢裙配喀什米爾T恤，當然還有鱷魚皮、栗鼠毛皮、紫貂毛皮。

Calvin Klein

卡文・克萊

極簡主義的都會時尚

生於美國｜1942-

1 呼應時代創造出洗練簡潔的風格

2 服裝設計結構性強、剪裁精良、無色調性、作料高級

冰冷的眼神，金屬般的嗓音（非雙語人士比較容易聽得懂），這就是我在紐約見到Calvin Klein時他表現出來的模樣。而他的服裝品牌形象則是簡潔、富結構性、剪裁優良、作料高級、無色調性。「設計師的任務是根據他的時代來創造，洗練與簡單便屬於我的時代。過去我一直思考『極簡』這個詞，在藝術上，它指的是一股潮流，象徵一種節制的美感。放到服裝上，要跟極簡主義藝術類比，便是世故講究與奉行精簡主義的奢華。不過，我覺得要將時尚跟偉大藝術的關連論述化，實在太做作了。就我看來，服裝應該退居次要地位，不該變得比穿它的人還重要。真正的挑戰，在於創造出某種新事物，能夠在當代的生活型態中找到它的位子。對我而言，『現代性』的定義一直在變，它是一種當下片刻的概念，與簡單有關。」

訪問結束後，他帶我去看凱特・摩絲幫新廣告拍照。我們經過白色的走道和有黑色家具的辦公室，裡頭擺著不銹鋼圓柱形花瓶，每個瓶子都插了一朵海芋。突然他對我低聲說：「噓，我們別吵到這些藝術家。」那位美女正在鏡頭前擺姿勢……我們踮著腳尖離開那裡。

隔天晚上的服裝秀，有一群身著黑衣的一流模特兒，還有其他名人大力鼓掌，像是達斯汀・霍夫曼、茱莉亞・羅勃茲（本人比銀幕上更漂亮）、卡麥蓉・迪亞茲和李察・吉爾。

這次會面後，Calvin就把以他為名的公司賣給Phillips Van Heusen集團，但仍擔任顧問一職。

「服裝不該變得比穿它的人還重要。」
——Calvin Klein

Hervé Pierre

埃爾韋・皮耶

轉戰紐約的法國設計師

生於法國

1 轉戰紐約的法國設計師

2 曾任Balmain高級訂製服與成衣線設計師

1991年，這名年輕法國人扛起在Balmain接任Erik Mortensen的艱鉅任務。他以鳥為主題，運用羽毛和令人嘆為觀止的效果，發表一系列極成功的高級訂製服。我撰文讚揚，但沒有為他帶來好運。一年後，Oscar de la Renta接替他的位子，精明的Oscar馬上聘請才華洋溢的Hervé Pierre到他紐約的工作室，為他個人的服裝品牌效力。

Hervé是優秀的時裝設計師，巴黎服裝界應該要留住他才對。他一直待在紐約，為一些聲譽卓著的品牌設計服裝，譬如Caroline Herrera。

PIERRE BALMAIN
PARIS

名模Isabelle Townsend正是品牌1980年代的代表形象，美國人珍視的「新英國」風格的理想化身，讓他們想起自己從何而來的過往時光。

Ralph Lauren

雷夫·羅倫

美式的新英倫奢華

生於美國｜1939-

1 美國最有權勢的時尚人物
2 1971年推出的美式運動休閒服為「新英國」風格理想化身
3 服裝重現古典風、材質天然、著重作工
4 推出為數眾多的香水及家具家飾系列

Ralph Lauren出生在美國紐約州布朗克斯郡的一個俄國移民家庭，原名Ralph Lifschitz，靠白手起家，四十年後，傾注全副心力的企業王國，絕大部分仍掌握在自己手裡，這四十年的研究歲月，並不侷限於服裝，因為他對某些領域比對服裝還有興趣：電影（譬如西部片）、運動（馬球）或文學（作家費茲傑羅）。他喜歡提起為美國社會奠基的那些事物，美國也沒有虧待他，他是全美最有權勢的時尚人物。1971年推出全新的美式運動休閒服，靈感同時源自英倫貴族奉行的價值準則。名模Isabelle Townsend正是品牌1980年代的代表形象，美國人珍視的「新英國」風格的理想化身，讓他們想起自己從何而來的過往時光。

他的服裝重現古典風格，以天然材質裁製，特別注重作工，正可代表美式的奢華。自1990年起，他的集團開始茁壯，服裝線有：Polo Sport、Ralph、The Collection（頗具訂製服之風）。如果他跟多數人一樣在巴黎發表服裝秀，可以申請加入成為時裝公會的一員嗎？以他的The Collection應該行得通。

男女明星都穿Ralph的衣服，他推出為數眾多的香水，還有他的居家系列Home Collection，有家具、家飾、水晶玻璃器皿等等，品味同樣細緻精湛。他在全球各地的店面，塑造家庭的溫暖熱絡氣氛，如同人們在城市裡夢想的家一樣。如今他聘用一萬名工作夥伴，面對成功，依然保持簡單從容。有天早上我在麥迪遜大道閒逛與他錯身而過，他就穿著自家品牌的牛仔褲和夾克。

Donna Karan

唐娜・凱倫

美式風格的工作女郎

生於美國｜1948-

1 以紐約都會風聞名

2 七件式套裝的每件單品可靈活搭配

3 世故優雅、舒適實用的「工作女郎」風格

她是第七大道一名裁縫師的女兒，出生在服裝業聚集的區域，與其說她是美國人，倒不如說是紐約客。她到往下幾個街區的帕森斯設計學院就讀，隨後受聘於Anne Klein，Anne是鄰居，以都會風格聞名。她很快便成為Anne的助理，並在Anne過世後，以二十五歲之齡繼承她的事業，用可靈活搭配的衣服，將Anne的都會風格發揚光大。

1984年她開始經營個人品牌，出發點很清楚：提供讓女性生活更簡便的穿著。於是，她推出可相互替換的七件式套裝，每一件單品都有特定用途，而且舒適好搭，能滿足活躍都會女性的新需求，營造樸實無華卻極為世故優雅的風格：緊身衣、長褲套裝、一片裙、大衣式洋裝、單排釦外套、喀什米爾針織衣和晚宴洋裝。她的服裝非常成功，到了1990年代，這種實用又女性化的「工作女郎」風格，成為紐約街頭常見的典型裝扮。2001年，她把公司賣給LVMH集團，但仍領導自己的品牌。

我在巴黎某個私人晚宴第一次見到這位美國時裝偶像，兩人的對話很快從歡樂跌到悲傷，她對我久久談著剛過世的雕塑家丈夫和他們的女兒蓋碧。我上回看到她是在紐約，就在她位於麥迪遜大道上超大型的精品時裝店，稱為「概念店」可能更貼切些，裡頭完整呈現她的服裝、美妝和設計世界。

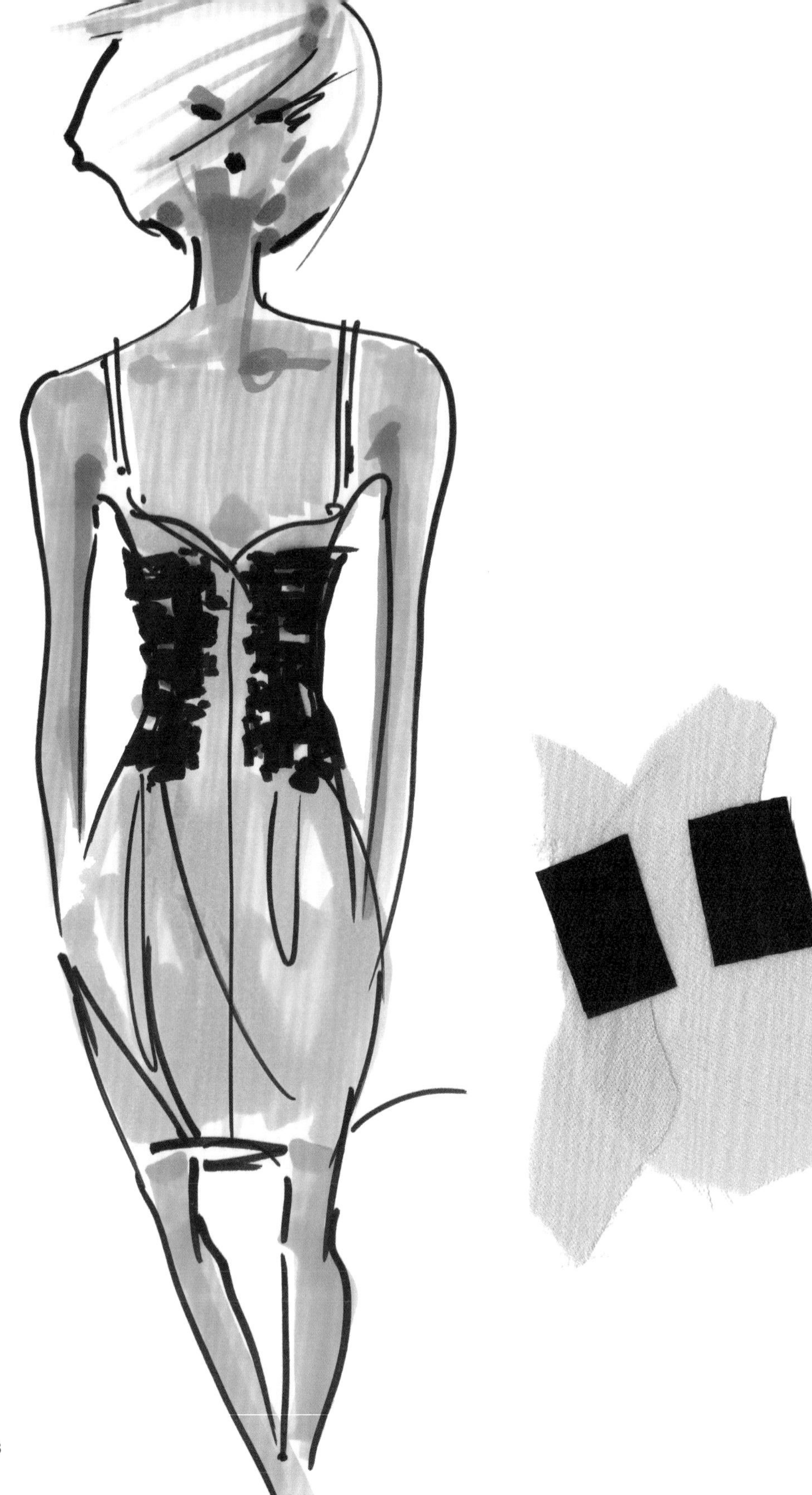

「巴黎女人有女人味，西班牙女人熱愛生活卻很保守，倫敦女人太瘋狂，義大利女人最挑剔。」
——Narciso Rodriguez

Narciso Rodriguez

納西索．羅德里格茲

拉丁血統下的精緻性感

生於美國｜1961-

1 風格乾淨俐落、感官精緻但材質華麗

2 強調女性前胸、雙肩、背部的簡潔性感風情

1996年，報紙照片上的白衣身影讓他在名人圈中竄紅：Caroline Bessette下嫁小約翰甘迺迪時，身著一襲Narciso Rodriguez設計的禮服。馬上，時尚界的小圈子慌慌張張地跑去看他的服裝秀。到底這名曾為品牌Cerruti和Loewe工作過的三十七歲美籍古巴裔男子是什麼來頭？

在一次訪談時，我曾請他定義自己的風格，他回答：「乾淨俐落、富感官性、精緻文雅」。他的衣服材質華麗（皮革、蟒蛇皮、鱷魚皮、喀什米爾羊毛、皮草、刺繡絲料），確實證明了簡單與奢華可以並存。透過剪裁，他的設計流露一股簡潔的性感風情：對前胸、雙肩或背部特別下功夫，突顯女性身體曲線。

他的風格會根據不同的女性類型進行調整，在他腦袋裡分得一清二楚。巴黎？「高級訂製服的同義詞，愛打扮的巴黎女人非常有女人味。」馬德里呢？「西班牙女人熱愛生活卻很保守。」倫敦女人呢？「瘋狂！」義大利女人？「一定要給她們最頂級的才行，她們最挑剔了。」歐洲女性呢？「為了讓自己顯得高尚優雅，她寧可選擇精緻文雅的衣服。」美國女性？「希望穿讓自己覺得自在的衣服。」對未來有什麼看法？「壁壘會越來越分明：富於想像的人每季會買一件新款，其他女性的品味將以實用和質感為重。」

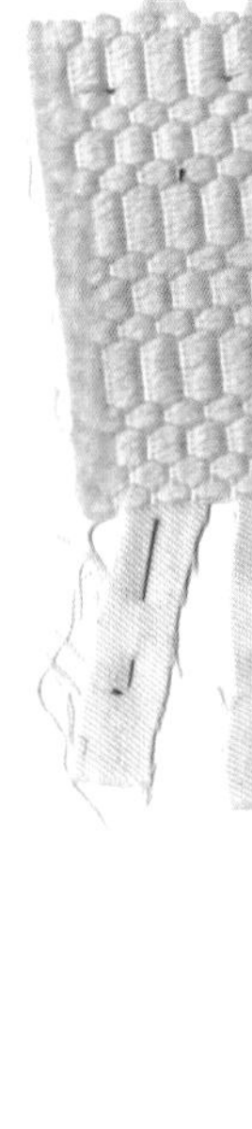

Catherine Malandrino

凱瑟琳．瑪蘭蒂諾

美麗不分年紀

「作為交換，我帶領美國女人以新的眼光看待時尚，接受度更甚法國女人。」

Catherine Malandrino

生於法國

1 於紐約發展的法國設計師
2 曾任Dorothée Bis針織品設計師
3 帶訂製服味道的服裝作品超女性化
4 針織品、毛衣、洋裝、大衣受歡迎

來自法國格勒諾伯的Catherine Malandrino，二十歲時到了紐約，對這裡一見鍾情，她對自己承諾要回來征服它，十五年後她做到了。在此之前，她在法國擔任Dorothée Bis的針織品設計師，學會使用針織機，然後跟著Louis Féraud工作：「在他身邊，我看見什麼叫堅持不懈，他可以花上好幾個禮拜思考一組色調。」後來她又為大眾品牌Et Vous工作，十分成功。

她在極簡主義全盛時期前往曼哈頓，在蘇荷區開了一家店，裝潢氣氛很熱情，裡頭匯集了她個人喜歡的東西（唱片、音樂光碟、書、一些家飾品）、色彩繽紛的針織品（當時一點都不流行），以及她在跳蚤市場相中買來的復古舊衣（這可是跑在所有人前頭）。

現在，她是紐約的巴黎人，以個人名字命名的品牌很成功。美國女人會願意付出一切，以求擁有小小一件彩色羊毛衣（手工織的獨特商品）、洋裝和有流蘇花邊的大衣，其實她們渴望的，是她奠基於訂製服的超女性化風格。我記得她在蘇活區的首次服裝秀，真是人山人海。Catherine還開了其他店，有一家在巴黎。「我應該已經適應美國女人休閒的那一面，作為交換，我帶給她們享有一點女人味的權利。她們以新的眼光看待時尚，比內行的法國女人接受力更強。」

SCAPE COW BOY BOOTS FALL 2002 Catherine Malandrino

90

Les créateurs anglais
英國設計師

Trend

1 沒有統一的風格
2 特色為狂放不羈、技巧完美、表達個人藝術性
3 多數在倫敦聖馬丁學院或隨薩維爾巷男士訂製服師傅學藝

如果英國人Worth是法國高級訂製服之父，那麼法國人對英國時裝可是興趣缺缺。唯一的例外是在1970年代。成群的女性瞎拼族跑到倫敦的卡奈比街或國王路，尋找最新最誇張的瘋狂流行。

嚴格來說，並沒有所謂的英國風格，沒有一個堪以明確定義的英國流派，有的是激烈又不羈的創作，每個設計師自由表達個人的獨特藝術性，最後融合成一種……英國風格：瘋狂挑釁，但技巧完美，這些設計師大多在倫敦聖馬丁學院或跟著薩維爾巷的男士訂製服師傅學藝。

Vivienne Westwood

薇薇安·衛斯伍德

英國龐克教母

生於英國｜1941-
1 走在潮流尖端
2 酷愛由十八世紀服裝汲取靈感
3 1974年的挑釁創作帶動龐克時尚
4 跟Malcolm McLaren的搭檔於1993年終止
5 風格歡愉、放肆、混亂、驚世駭俗、令人不自在

她不跟潮流走，而是跑在潮流前面，或從歷史汲取靈感，搶先將它搬上舞台。1970年她創作的服裝，想法便從1950年代英國不良少年（Teddy boy）的穿著打扮而來。1972年，她跟搭檔Malcolm McLaren，將二次大戰法國青年爵士樂迷（zazou）的服裝特色改造成現代風格。到了1974年更是驚世駭俗！他們因為把文字和挑釁的圖像放到衣服上而遭起訴——這便是兩年後的龐克時尚。兩人的合作關係在1993年劃下句點，他專注於音樂發展，她則投身服裝領域。

她酷愛十八世紀的風格：有裙撐架的短裙、裙箍、對緊身搭下功夫，創造出歡愉卻放肆的風格，而且，既然她本人喜歡令人混亂不自在的事物，她會把像假臀部的撐裙架放到設計的裙子底下。她的風格日後廣被眾人模仿，是所有設計師的「教母」，在1980年代，英國設計師都會出席看她的服裝秀，她反對因循守舊，挑戰世人目光。

這也表現在她自己身上，她故意穿一件透明禮服，到白金漢宮接受頒贈不列顛帝國官佐勳章。目前，Vivienne Westwood每季推出六個服裝系列（其中的Man系列是男裝、各式配件、名為Hardcore Diamond的珠寶線以及第二支上市香水Anglomania）。不過，她已經嚇不倒任何人了，如今她挺身捍衛自己認同的政治行動。

上圖Paul Smith繪，下圖Vivienne Westwood繪

Paul Smith

保羅．史密斯

縱橫時尚界的英倫才子

生於英國｜1946-

1 設計保留70年代以降的歡樂純熟大膽精神

2 精於混合材質以製造對比並突顯顏色

3 媚俗與美麗結合的古典主義風格

他在英國服裝設計界享有獨特地位。二十一歲離家發展，遇到當時已有「兩個小男孩、兩隻狗、兩隻貓」的另一半Pauline，小倆口在距倫敦一百八十公里的諾丁漢市開了一家店，當時正邁向1970年代滾石合唱團的輝煌時期，Paul混合各式服裝和物件，在前衛創作裡盡情發洩，某種歡樂與純熟的大膽精神後來仍保留在他的設計裡。

1980年代，我在他位於倫敦諾丁漢的服裝店跟他碰面，那兒真是堆滿創意的奇境，衣服古怪有趣，材質或混合或對比，顏色或明亮或薄霧調，有一些叫人吃驚的小玩意，還有在跳蚤市場找到的東西，這裡是一個神奇的地方，而他更是迷人有趣。目前他設計男裝（但女人會拿他設計的襯衫、夾克、毛衣、長褲來穿！），以及風格不太古典也不過份時髦的女裝成衣（儘管他的多條服裝線仍偏傳統），就像一般的倫敦成衣品味。

他精於混合材質，在同一式樣用上法蘭絨、絲絨、針織料製造對比衝突，突顯它們的顏色，或讓一件太古典的背心看起來帶一絲瘋狂氣息。「我喜歡四處挖寶，找到好玩的東西，然後讓別人嚇一大跳。我的風格是『非常媚俗』跟『非常美麗』的結合，」他對我解釋：「在服裝裡看得到快樂、生之喜悅、轉換過的古典主義。」的確是非常現代的思考方式。

「當我鑽研一段歷史, 我等於活在裡頭。我喜歡難題, 喜歡挑戰。」
——John Galliano

John Galliano

約翰・加里安諾

極盡挑釁的設計鬼才

生於英屬直布羅陀｜1960-

1 為法國品牌工作的英國設計師
2 從服裝史取經創作出眾多角色
3 豪華服裝秀充滿狂想創意
4 革新Dior高級訂製服使其年輕化

一個為巴黎蒙田大道名店做設計的英國人。

在Dior，John Galliano從服裝史取經，將不同年代摻雜調和，放任想像力自由馳騁，創作出許多角色：北美印第安的卻洛奇族人和蘇族人、東非的馬薩伊人，或是侯爵夫人、波希米亞女人、流浪者、奇特的生物。他以無垠創意製作許多耗資龐大的服裝秀，評價有褒有貶，但永遠能博得媒體版面。早在1983年，他於倫敦聖馬丁學院的畢業服裝秀就已經得獎了，主題：法國大革命，他對座右銘「勇於夢想」奉行不渝，豐沛的創造力終於得以淋漓盡致表現。在等候最後高潮來臨的片刻停頓，漫不經心的女郎，身體擺成奇特的姿勢，看著他穿越豪華秀場的瘋狂荒誕，只有他才曉得怎麼統整一切。

他表明：「這是我創作過程的一部分。當我鑽研一段歷史，我等於活在裡頭。我喜歡難題，喜歡挑戰。」在他事業剛起步的時候，我很喜愛他斜裁的洋裝，但不認識這一號人物。他為Givenchy推出的服裝秀（魔法般的魅力），還有幾季後為Dior製作的精采絕倫的走秀，把他推到聚光燈下。我承認，他那些可以委託訂製的狂想，誇張的裝模作樣，還有角色扮演，曾經讓我滿肚子火。隨著一季一季過去，經過一次又一次的服裝秀，我已學會看穿他的挑釁，能夠欣賞他的大膽，並為他天才的服裝鼓掌。

《費加洛仕女》雜誌有次要做一個關於他生活及個性的專題報導，召開工作會議以決定主要的主題，在會議上我見識到他的認真，蓄勢待發要全心投入一項計畫。John將在服裝史留名，如同二十世紀初的Paul Poiret一樣。他是最重要的訂製服設計師、戲服設計師、點子與形象的創造者、時下流行的製造能手，敢於革新高級訂製服使之更年輕化。

「在我的時裝發表會中，
你能獲得參加搖滾音樂會時所獲得的
一切動力、刺激、喧鬧和激情。」
——Alexander McQueen

Alexander McQueen

亞歷山大·麥昆
早逝的原創天才

生於英國｜1969-2010

1 英國天才設計師
2 剪裁技藝高超
3 挑釁的創意令人感到荒誕不安
4 包屁褲推動超低腰牛仔褲的流行
5 與品牌Samsonite合作推出胸廓骨骼造型行李箱

他是另一個英國天才設計師，1993年推出自己的品牌。三年後，他接替轉投Dior的John Galliano，進入Givenchy工作。後來他也離開了，因為一再有人批評他的設計跟品牌創始人Hubert一點都不一樣。當然不一樣！於是，他離開LVMH集團，改由敵對集團PPR出資支持他個人的服裝線。

Alexander是一位神奇的剪裁高手，十六歲便進到倫敦薩維爾巷當學徒，跟著裁縫師傅學會好手藝。跟John比起來，他同樣創意四射，但點子更令人感到荒誕不安。他沒有辦法讓巴黎時尚的小圈子愛上他，實在可惜。他是以善於挑釁聞名的天才，我們碰面的時候，他總是足蹬運動鞋，身穿自家設計永不褪流行的包屁褲（bumster），這款超低腰牛仔褲為露臍風潮的盛行推波助瀾。2006年，他和品牌PUMA合作推出新款運動鞋。翌年，他在旅行箱品牌Samsonite發表模壓胸廓骨骼造型的行李箱。他過去為Givenchy高級訂製服所做的第二次服裝秀，不就已經在某些服裝設計裡夾帶骷髏了嗎？他結束生命的方式令人哀傷，大家都好難過[1]。

1 Alexander McQueen 已於2010年2月11日以自殺了結生命，留給世人無限的遺憾。

奢華逸品的品牌時代

時尚名牌思維，配件強過服裝

l'accessoire est l'emblème de la silhouette

2000

la mode devient un enjeu financier

00

Trend

1 時尚與奢華牢不可分
2 大型時尚集團股票上市、多方投資
3 知名品牌定期推出新包款掀起It-Bag現象
4 配件鋒頭勝過服裝
5 品牌提供配件給明星製造宣傳曝光
6 精品鞋重要性逼近名牌包
7 奢華名牌與國際流行服飾零售品牌客層重疊
8 女性設計師Vanessa Bruno與Isabel Marant打出一片天
9 出現藝術與建築兩大原創時尚浪潮

Keyword

名牌包、名牌鞋、建築風、藝術風

流行風潮——配件現象

邁入第三個千禧年的頭幾年，最新現象就是時尚與奢華牢不可分，這跟1960到1970年代的思維恰恰相反，當時的年輕設計師會考量年輕人的購買力，推出充滿創意的成衣。從1990年開始，時尚已經變成金錢議題：股票上市，採員工分紅制，在購物商圈的主要地段投資房地產。大型集團一年規畫兩次高級訂製服或高檔成衣的發表會，突顯設計師名字或品牌形象，普遍呈現奢華的特質，還能讓配件或香水紅遍市場。自1990年代晚期，要秀時尚必須透過不可或缺的配件——包包。更精確一點講要回到1995年，黛安娜王妃讓《Lady Dior》（迪奧夫人）手提包知名度遽增，緊接著1996年又有Fendi的《Baguette》（長棍包）大受歡迎。知名品牌都定期推出新款包，像是：Vuitton、Prada、Balenciaga、Yves Saint Laurent、Dior、Bottega Veneta。到了2007年，手提包的品牌比服裝牌子更重要，美國叫做「必備包」（It-Bag）現象，配件變成穿著打扮的代表標誌。大家找明星來，提供包包或鞋子，讓它們跟著一起出門亮相，製造曝光宣傳的話題。

到了2008年，鞋子的重要性逼近包包，保證可以看到千奇百怪的「腳底精品」（「腳底」〔soulier〕是稱呼鞋子的過時用詞，老祖母時代的說法用在這裡還真妙），人們可以選擇奢華名牌的平底鞋，或由鞋界明星雕鑿造型的高跟鞋，譬如：Christian Louboutin、Pierre Hardy、Rodolphe Menudier、Michel Vivien、Michel Perry、Jimmy Choo。

手提包的品牌比服裝牌子更重要，配件變成穿著打扮的代表標誌。大家找明星來，提供包包或鞋子，讓它們跟著一起出門亮相，製造曝光宣傳的話題。

品牌趨勢——平價奢華的時裝連鎖店

人們得到的資訊越多，對用品的忠誠度就越低，新的消費行為跟著出現。奢華精品經常跟零售業品牌瓜分同一批顧客，像上衣跟Zara或H&M，而LV包包、Louboutin的細跟高跟鞋以及裙子，會跟哪個牌子的客層重疊呢？……Paul & Joe？Antik Batik？Zadig et Voltaire？事實上，一直有新品牌瞄準這一塊市場。

時尚名人——藝術與建築原創浪潮

設計師出現兩個新面孔，她們在1990年代中期嶄露頭角，設計的作品滿足了同一世代女性的喜好。經過十年，終於在時尚的競爭棋盤攻下一席。第一位是Vanessa Bruno，1997年以滾兩道亮片的帆布手提包成名，她的女裝很有女人味，走時下流行風格，不至於過份大膽創新。另一位是Isabel Marant，1994年推出自己的品牌，當時她二十七歲，很快便以服裝的獨特性建立口碑，衣服都像在訴說一段故事。她漫遊於各片土地與年代，放任想像力四處流浪，創造出帶有民族風的都會時尚。

不過，西元2000年之後的原創性，出現在多位分屬建築與藝術兩大浪潮的時尚作者：建築風設計師創作出更為圖案式，或線條結構性更強的服裝（算是設計師Balenciaga的繼承人）；藝術派設計師從不同領域得到創作養份——電影、舞蹈、戲劇、歌劇、繪畫、建築、文學，再依個人特質轉譯為服裝作品。

00

Les architectes
建築風設計師

Hedi Slimane

海迪．斯里曼
好男人與壞男孩的mix & match

生於法國｜1968-

1 曾任Yves Saint Laurent男裝設計師
2 為男裝提出力量與脆弱並存的衝突新形象
3 剪裁適合時下年輕男性的中性體型
4 將建築、攝影、設計品味表現於服裝美學

他跟Nicolas Ghesquière一樣，都是西元2000年以後的設計師代表人物。

這個迷人的大男生，母親是義大利人，父親是突尼西亞人，原先唸文學，接著又唸藝術史，後來才專攻服裝。Hedi（阿拉伯文「智慧」的意思）很大膽地把成衣轉變成符合現代年輕男性的調調，風格撼動男裝原有的優雅取向，提出時下的穿著準則：混搭白天便裝和晚宴服裝，結合正式衣著與街頭裝扮，製造力量與脆弱的衝突感，共呈好男孩與壞男孩形象。在他被任命接掌Dior男裝，成為「Dior男裝先生」數天後的一個早上，他邊喝咖啡邊對我吐露心裡的想法（之前他是Yves Saint Laurent男裝設計師）。

「在男性時尚這一塊，得鼓勵老闆多嘗試，讓服裝更有生命力，不然看起來都一樣。我是圖像思考的人，對線條和剪裁很感興趣，會從古典主義的靈感下手，希望能保有手工訂製服的形象。我該做的，是在傳統與強調當代風格之間找到平衡點。所謂的傳統，指的是我熱愛的服裝工坊的工作方式。」

他接著說：「男人的外表已經改變了，現在的年輕人更高更瘦。」因此他重新看待西裝和外套的風格，讓剪裁適合越來越中性的男性體型穿著，甚至他們的女朋友也可以拿來穿。不過在布料、襯裡和作工上，仍維持手工講究的精神。

Hedi Slimane是一位煉金師，他對建築、攝影、設計的品味都轉而呈現在服裝上，能讓穿衣服的人與他表現的感受力融為一體。他的設計立足當下又放眼未來。

2007年出現戲劇性變化：來自法蘭德斯地區的Kris Van Assche（暱稱為KVA），取代Hedi領導Dior男裝，他曾任Hedi助理，畢業自安凡爾皇家美術學院。

Nicolas Ghesquière

尼古拉·蓋斯奇耶爾

指日可期的未來大師

生於法國｜1971-

1 為經典品牌Balenciaga打造獨特原創性
2 結合感官與未來主義的服裝風格
3 線條乾淨精準、偏愛黑白
4 推出品牌歷史款式服裝限量款
5 被看好的未來大師級人物

他先在美國和亞洲備受媒體報導肯定。至於法國，要等到一次了不起的成功發表會，受到行家一致賞識（的確值得），讓他的名字登上女性雜誌頭版，才逐漸光環加身。

第一次跟他碰面時，他三十多歲，長得像電影演員，在花神咖啡館（Café de Flore）對我敘述個人經歷。他十五歲開始到處實習，待過Agnès B、Corinne Cobson，三年後進到Jean-Paul Gaultier的工作室當大師助理，協助針織衣和童裝線。後來他被品牌Balenciaga找去設計公司授權商品，開啟了雙方的合作，很快就被擢升負責設計成衣線。當時他二十六歲，才華洋溢，個人色彩強烈。「毋庸置疑地，為這個不可思議的品牌工作對我的確有幫助，像美國買家便很好奇地跑來，看看我這個新來的小朋友會做出什麼東西。」四年之間，他發表的服裝絲毫不見過去Christobal Balenciaga的影子，發展出的風格不符合原有的品牌形象，卻展現獨特的原創性，為這個二十世紀的經典品牌創造新視野。

他的服裝結合感官性及未來主義，已經形成一種指標。「不論如何，我都喜歡想像，討厭抄襲。我跟Balenciaga有共同的準則：線條乾淨，精準嚴謹，偏愛黑白兩色。」在他發現品牌創始人留下的珍貴資料後（近五百件服裝和四萬幅設計草圖），進一步鑽研它們結構簡練優雅的線條如何達到完美平衡。很快地，他發表了《Édition》（版本）系列，推出品牌歷史款式的限量製作服裝。「為Balenciaga工作，讓我意識到自己身處歷史當中。」

Nicolas Ghesquière……也許是第三個千禧年的未來大師。

Tomas Maier

托馬·梅耶

編織手袋的美麗基因

生於德國｜1956-

1 創立個人同名泳裝品牌
2 擔任Bottega Veneta藝術總監
3 以充滿現代感的原創設計重振經典品牌時尚地位

從2002年開始，Tomas Maier為Bottega Veneta做的出色設計紅遍雜誌頭版。在此之前，他曾隱身大品牌（Hermès或Révillon）工作。接著，他推出以個人名字為品牌的超性感泳裝，然後才為剛被Gucci集團收購的Bottega Veneta效力，將這個義大利北方、擅長皮革編織的知名品牌換上現代面貌。再次感謝行銷天才Tom Ford，他看出Bottega Veneta的品牌潛力，說服Tomas Maier接下藝術總監，帶來驚人的改變！

憑著天份、對完美的主張、對精緻優雅的追求，Tomas設計出美麗非凡的配件，現代感強烈，充滿原創性，服裝也一樣棒透了。他懂得如何激勵手工藝匠精益求精，他們用的「交編」（intrecciato）技巧是品牌的商業機密，憑著準確自信的手部動作，手工編織出跟義大利細麵一樣細的皮革細帶，組構成柔韌度無以倫比的Bottega Veneta包包。他懂得以個人才幹多方發展品牌，只消再加入個人特殊創意即可，結果令男裝和女裝成衣、首飾、珠寶、眼鏡，成為迷哥迷姐追逐流行的權威商品。

Tomas是黑森林地區出生的德國人，奔波於邁阿密（他泳裝的目標市場）、巴黎和米蘭（為了Bottega Veneta）三地之間。我彷彿還可以聽到他混合德國和美國口音的聲音，對我熱情解說做這件或那件設計的背後原委。

Marc Jacobs

馬克・賈可柏

最貼近時代的LV藝術總監

生於美國｜1963-

1. 1991年為品牌Perry Ellis推出個人風格的頹廢服裝系列
2. 1997年起擔任Louis Vuitton設計總監
3. 將Vuitton各線產品推上時尚領導地位
4. 為Vuitton時裝風格添加美國服裝特點
5. 顛覆Vuitton經典傳統印花圖案

1991年當Marc Jacobs為美國品牌Perry Ellis效力時，就已經大膽推出非常個人化的一個服裝系列，伸展台上的衣著淩亂頹廢，為未來的「頹廢」（grunge）流行風潮定調。

進入二十一世紀後，在四十不惑之齡，這名美國設計師成為品牌Louis Vuitton的天才，他將一個配件的經典老牌，轉變為各類產品的領導名牌，包括皮件、成衣、珠寶、手錶。憑著他的天份以及高度媒體操作的服裝秀，紐約人Marc Jacobs總算不負兩位領導人所託使命——品牌總經理Yves Carcelle、品牌所屬LVMH集團總裁Bernard Arnault。他跟Louis Vuitton的合作促成他的成功，一如他對這個製箱企業助益良多。

不過，他在1997年的首次服裝發表會並未獲得太多掌聲，因為我們這些時尚界的女士一致認為太過「知識份子」了。六個月之後，他明白了品牌的精神和準則。從此，Vuitton風格一季一季漸入佳境，尤其是女裝，最後變成每個人都想擁有的「夢想」品牌。Vuitton的風格偏好簡單線條和精緻材質，細節處理大膽，但擁有一貫的好品味。他添上想像、精巧以及美國服裝傳承的數項特點，設計出令人讚嘆的時髦產品，譬如：他創作的運動休閒服，呈現中產階級的乾淨以及美國式的保守高尚風格；裙子像是給慶祝中學最後一學期的甜美年輕女孩穿的；修飾過的軍裝外套有搖滾精神；大鈕扣的圓領大衣靈感來自洋娃娃的衣服；一抹迪斯可味道取自年輕時代的狂歡夜。

在配件方面，他顛覆傳統，用全新眼光看待Vuitton聞名遐邇的面料：以塗鴉改畫經典花紋（2001），或找來藝術家村上隆，設計出滿佈花朵的櫻花包（2003），或是以黑、白為底將經典花紋變成多彩的彩色包。Marc同時監管款式不落俗套的珠寶線。依我看，他跟Nicolas Ghesquière一樣，是最能夠貼近時代的當代服裝設計師。

Jean-Paul Knott

尚保羅．諾特

延展設計的無限想像

生於比利時｜1966-

1　1997年創立結構簡潔的同名品牌

2　2007年擔任Cerruti成衣線藝術總監

3　設計壽命更長的服裝典型

4　舞台服裝設計想像力豐富絕倫

這位迷人的年輕人在紐約的流行技術學院（Fashion Institute of Technology）學服裝，後來沒有回去出生地布魯塞爾，選擇落腳巴黎，進入Saint Laurent工作，待了十二年，最後四年成為大師的助手。從此，人們可以欣賞到由他個人設計的衣服，帶有自己的創意，也有訂製服的特色。他也為不同品牌設計成衣，像： Louis Féraud、米蘭的Krizia、Dim、Paul & Joe、Cerruti。Cerruti更在2007年請他擔任成衣線的藝術總監。他個人於1997年創立的同名品牌《Jean-Paul Knott》，風格簡潔，結構性強，作料高貴，構成不同的男女裝。

他的概念是：以壽命更長的服裝典型，取代傳統上隨季汰換的服飾。大衣、長褲、套裝、上衣、襯衫，不論布料暖和或輕薄，都能視需要加添，適用於一季或一日生活的不同時段。不過，最令我鼓掌叫好的精采創作，是他為莫里斯．貝嘉（Maurice Béjart）的芭蕾舞《光》（Lumière）製作的舞台服裝，受到舞蹈和音樂的激勵，他釋放出的想像力達到異常豐富的藝術層次。期待他再次呈現如此美麗又淋漓盡致的服裝設計。

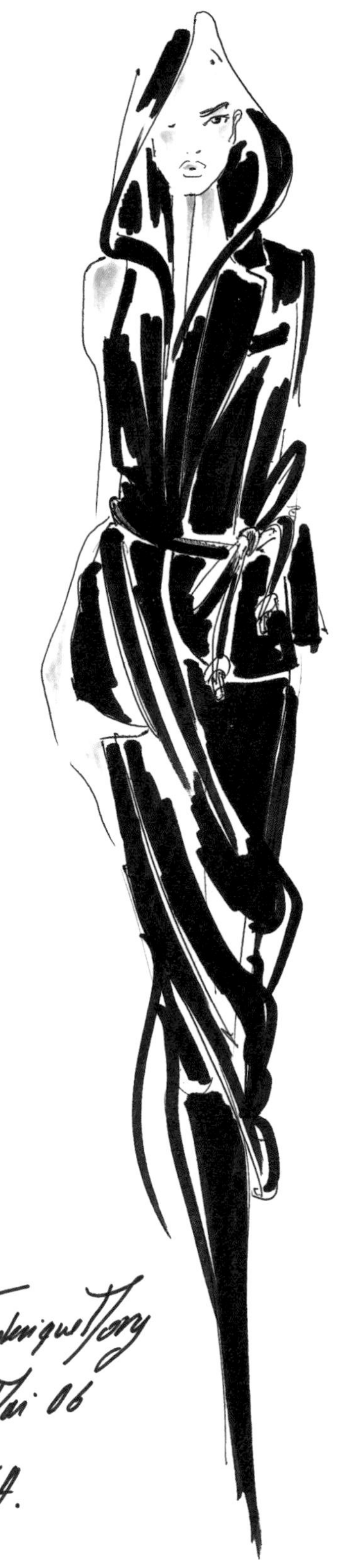

00

Les artistes
藝術派設計師

Viktor & Rolf

維多&羅夫
用才華與意念創造未來

皆生於荷蘭｜1969-

1 穿戴同樣西裝、眼鏡的荷蘭設計雙人組
2 以原創、革新、反應當下的方式設計服裝
3 服裝秀演出概念與作品緊密結合
4 1999年高級訂製服秀只用一名模特兒
5 2001年推出服裝史上第一場全黑服裝秀
6 以獨特藝術眼光思考衣服立體感

Viktor Horsting和Rolf Snoeren都是三十五歲，同樣的眼鏡，同樣的西裝，一個起頭講話，另一個就做結尾，他們用兩人的名字當作品牌名稱。「就好像我們不過是一個人，沒有把工作區分開來。」1998年，在一次充滿創意、成熟度又高的服裝發表會後，他們對我如此說。

兩人畢業於荷蘭的阿能美術學院（Académie des beaux-arts d'Arnem），以非傳統、原創、革新的眼光看待服裝，永遠反映某種情感：「當我們開始著手一個服裝系列時，當下的心思狀態總會透過設計的款式顯現出來，不管是讓我們著迷或是令我們厭惡的事物。」他們服裝秀的演出概念跟發表的作品密不可分。1999年，他們只用一名模特兒作高級訂製服走秀，他們幫模特兒陸續穿上洋裝、高貴的大衣，如俄羅斯娃娃層層套疊，把原本穿著刺繡洋裝的單純聖母形象，轉變成載滿華麗衣飾的靜止塑像。2000年，他們創作了「要看也要聽」的服裝，室內秀場泛著仙境般霧濛濛的光暈，音樂低聲飄著，感覺輕盈神秘，走秀模特兒身上的鈴鐺經過巧心構思，輕柔地叮噹作響。

在高級訂製服時期之後，這對雙人組投入成衣設計，只用合成布料，因為在他們眼裡最能夠做出理想的衣服。女裝成衣於2000年首度發表，接著是男裝。翌年，他們推出服裝史上第一場全黑服裝秀，從佈景、衣服到模特兒的臉部化妝一律黑色，大獲好評。他們的設計運用法式高雅準則，卻不會讓人刻板聯想到前人的創作，像是：吸煙裝外套、雙層領子或垂領、打圓褶、浴衣式大衣、公主洋裝。他們喜以個人獨特藝術眼光重新思考衣服的立體感。「對我們來說，把我們的想法放進衣服，有人選擇穿上它們，就像是一場賭局。穿衣服的人可能會不喜歡。」

結果她們很喜歡。單憑個人天份，沒有財團金援，兩人獲得近幾年來最顯赫的成功之一。

LANVIN
PARIS
Love

Dear Frederique
thank you so
much for
everything
Alber-97

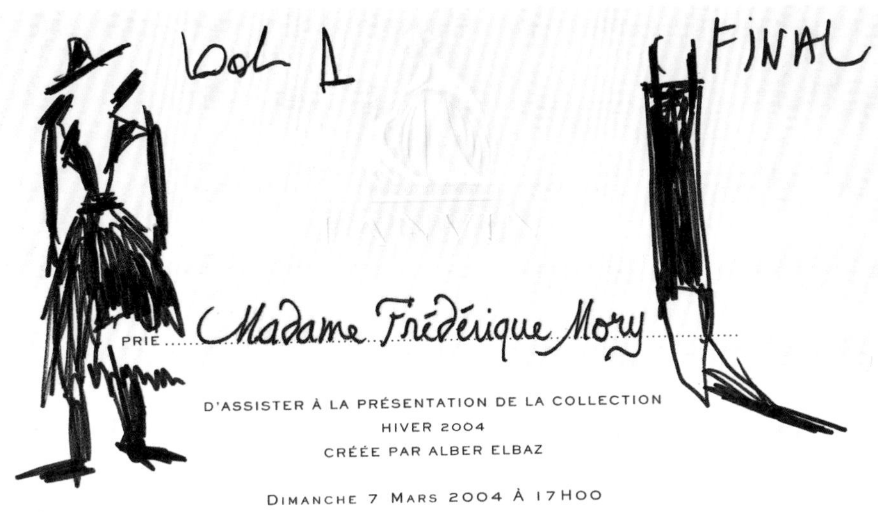

Alber Elbaz

艾爾伯·艾巴茲

因為了解, 所以賦予女人絕對的優雅

生於摩洛哥｜1961-

1 曾為Guy Laroche、Yves Saint Laurent Rive Gauche、Krizia設計服裝
2 現任Lanvin設計總監開啟品牌第二春
3 創作靈感融合過去與未來

1996年Guy Laroche聘用他創作成衣系列，呈現的服裝身型就跟他畫的草稿一樣淘氣詼諧。全巴黎都愛這個超有天賦、親和力十足的男人，他生於摩洛哥，在以色列長大，到美國當設計師Geoffrey Beene（傑佛瑞·賓恩）的助手，回到法國展開個人生涯。他為Yves Saint Laurent Rive Gauche設計了三、四個服裝系列就被迫離開，因為品牌被Gucci集團買下，而Tom Ford打算接手設計。有一天在小老頭廣場（place des Petits-Pères）的咖啡館，他對我坦承失望之情，不過，他的眼睛馬上閃著光芒說反正也沒打算再待在那裡！他對接任者扮了個嘲弄的鬼臉（還有對這一行，因為就Alber看來，他的工作沒有受到足夠的讚美之辭），就到義大利的Krizia工作，發表了靈感「非常Yves Saint Laurent」的高貴服裝系列，引用大師所有的準則，表達致敬之意。

經過六個月「沉思時光」的休假後，他去Lanvin工作，為品牌帶來第二春。Alber知道怎麼鑽進偉大名牌的風格裡，同時不失個人的獨特創意：「當我們混合過去與現在，就會作出懷舊的東西。如果混合過去和未來，就能完成跨時代的創作，永不褪流行。這就是我的靈感來源。」他又解釋道：「我的服裝系列先從技巧著手，然後進入設計階段，樣式會具體成形。接下來的魅力和優雅就要看穿衣服的人的個性了。就外表而言，我認為打扮入時不是最重要的。美永遠都是現代的，只想著顏色、長度、肩線、腰線就落伍了。我覺得只為年輕人和身材苗條的人設計衣服真是荒謬，我自己就圓圓肉肉的，做出來的衣服款式從來不會是扁平瘦削。所有女人都能穿我的衣服。」

Hubert Barrère

于貝・巴海爾

大明星的馬甲設計師

生於法國｜1962-

1 馬甲設計師
2 與Karl Lagerfeld、瑪丹娜等眾多品牌設計師及明星合作

大家暱稱他「做馬甲的人」，做出來的馬甲真的很棒、很現代感。「跟別人一樣做褲子、洋裝就太普通了。」他笑著說。結束在巴黎製衣公會學校的學業後，Hubert為刺繡業者工作，譬如Hurel或Vermont。

同一時間，他跟隨如今已故的舞台服裝大師Vicaire先生學習製作馬甲的藝術。他一度打算往內衣領域發展，但因為設計的束帶緊身衣和刺繡馬甲在大型晚會上顯得十分出色，非常成功。他跟幾家訂製服品牌毛遂自薦，第一家回覆的Emanuel Ungaro有正面回應，跟他訂了七款，搭配品牌1996年1月的高級訂製服系列。「他們為我帶來好運。」他激動地說。

瑪丹娜也認同他的功力，請他依據Stella McCartney為她做的結婚禮服，設計內搭的無肩帶緊身衣，而且繼續向他訂購平常穿的款式。然後， John Galliano請他幫著名的埃及系列製作馬甲和裙撐架，他又跟Chanel的Karl Lagerfeld持續合作，找他的還有Alexander McQueen（在Givenchy時期）、品牌Chloé的Stella McCartney、Christian Lacroix、Jean-Paul Gaultier、Giorgio Armani、Dolce & Gabbana，才華為眾人一致公認。他位於巴黎賽巴斯多波勒大道上的小工作室逐漸擴大：「在服裝秀的準備期間，有二十多人埋頭製作馬甲。我訓練一批馬甲裁縫師，讓他們可以接著訓練其他人，像是學徒出師。」

「跟別人一樣做褲子、洋裝就太普通了。」
——Hubert Barrère

Noir + Blanc

Bikeuse

col dentelle chantilly + tulle soie -

Rabat cuir

corset "motard" cuir cordé surpiqué

manches gaines cuir et tulle -

engageante dentelle chantilly + tulle soie

micro jupe "tutu asymétrique" tulle soie -

pantalon maille seconde peau. effet "collant".

Olivier Theyskens

奧利維耶·泰斯金斯

唯美的黑暗王子

生於比利時｜1977-

1 曾任Rochas、Nina Ricci藝術總監
2 精雕細琢的優雅風格不同於比利時時尚
3 汲取50年代靈感的套裝嚴謹現代
4 鑽研品牌前輩的作品檔案重新賦予個人的當代語言

西元2000年，他二十三歲，自己的同名品牌系列服裝只做了四季便建立起名聲。接下來他成為品牌Rochas的設計師，然後到位於弗朗索瓦一世街的Nina Ricci工作，兩者相距不過幾公尺。Nina Ricci的品牌光環完好無損，它的歷史、高級訂製服和香水更造就知名度。Olivier Theyskens是比利時人，風格不像大家所稱的「比利時派」，另闢風潮，他稱為「可演變的世故優雅」。「因為精雕細琢到極限，所以世故優雅。我是個病態的完美主義者，永遠都覺得做的不夠好。可演變，則是因為對服裝的感受會隨環境條件而改變。時下服裝不會反映社會的艱苦，而是喚起我們的夢想（攫取自己會有的形象），同時考量必備的商業要素。」他從1950年代得到靈感的套裝也很成功，嚴謹的服裝整體很有當代感。有拉鏈的外套、帶裙撐架的裙子，過去在他的個人品牌都已獲得肯定，正如同他知道該鑽研前輩大師的作品檔案：Marcel Rochas、Nina Ricci、Gérard Pipart。於是誕生了黑色小洋裝，邊緣剪裁俐落，鑲著花邊，精緻的迷你晚禮服，喇叭裙，或是短西裝外套下搭多層次襯裙。風格非常Rochas、非常訂製服、非常Ricci。「我覺得1980年代的時尚叫人炫目著迷，雖然當時年紀還小。我很好奇現在的孩子看到時下的服裝風格形象有什麼反應，如果他們一點都不會讚嘆，也不夢想擁有，那表示我們的流行不夠好。」

「我想要每個女孩做她們自己故事的主角。」

Olivier Theyskens

livier Theyskens

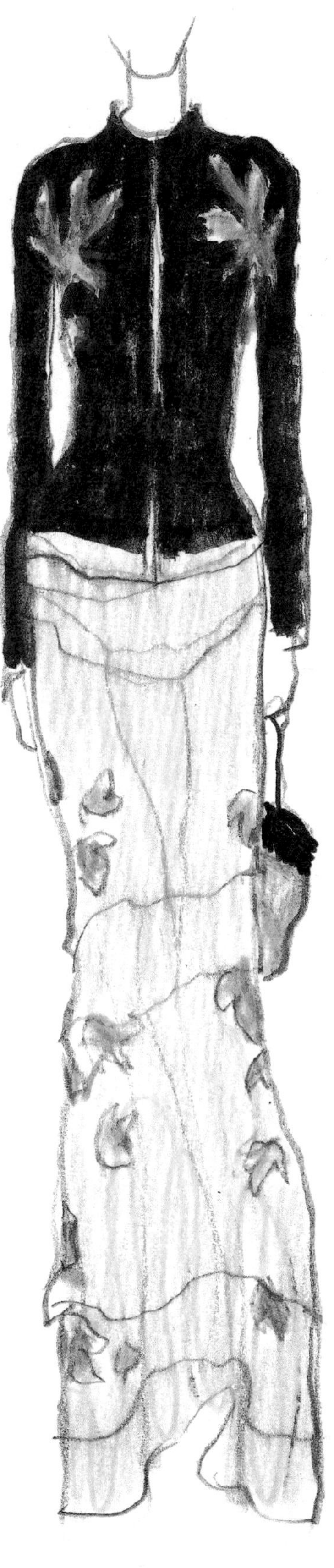

00

Le vintage

古着風設計師

Trend

1 復古的服裝創作
2 1997年Diane Von Furstenberg代表設計重新翻紅
3 2006年Martin Margiela推出手作再生服裝及配件系列

「Vintage」（古着）一字從英文來，原指酒的時代或年份，即烈酒或瓶裝波爾圖葡萄酒（porto）的釀造年份。服裝界在1980年首次用於牛仔褲，標明能顯示年代或原產國的不同製作細節（剪裁、標籤、鉚釘）。從西元2000年開始，「古着」用來定義三種類型產品：百分百的舊衣物，人們原封不動穿上身，沒有加工改造；新舊衣服巧妙搭配的結合呈現；舊款配件的重製發行，大型名牌會定期推出限量系列。千萬別把它跟過時的打扮或服裝搞混了，後者是某些靈感不足的設計師定期抄襲潮流的產物。這裡要談的是「復古」。服裝創作（幾個例外不算）經常會從過去、甚或從近期去汲取靈感，為昔日風格賦予神聖的價值。看起來有點似曾相識的服裝令人安心，因為人們對於找到參考標準或樹立根源的確存有強烈需求。

1997年，Diane Von Furstenberg讓她二十五年前的知名設計——一片式開襟洋裝——重現伸展台，結果風靡全球成千上萬女性。

2006年，品牌Martin Margiela推出富有手作精神的再生手工服裝和配件系列，帶著時間磨損的痕跡，憑著舊東西，設計師創造了充滿原創性的作品。

Diane Von Furstenberg繪

E2

讓值得紀念的再次擁有

皆生於法國
1 夫妻檔設計師
2 2000年開始致力古着設計開「回收－訂製」風潮之先
3 衣服通常只有一件

E2是一對夫妻檔：Michèle Meunier及Olivier Chatenet。他們從2000年開始致力於古着。先生原本是品牌Thierry Mugler的設計師，太太則為品牌Comme des Garçons工作。兩人在一起後，先創立成衣品牌Mario Chanet，服裝嚴謹又富結構性，以小鉚釘取代鈕扣。十年的創作歲月過去，還有了兩個孩子，他們結束該品牌，雙雙坦承不是好的管理者。後來他們到Hermès跟了Claude Brouet四年，又到品牌Léonard工作，才在1999年推出E2，開「回收－訂製」風潮之先。

第一個系列就獲得難以置信的成功：「我們剛好在對的時機有對的點子。古着帶來新一代的服裝，超越時間，經典又有創意，能呼應時下哲學——要用不要丟。讓值得留下來紀念的東西擁有第二次生命。」他們真心地說。

他們的衣服通常只有一件，可能是找來、別人給的或買來的，兩人進行縫補、裁剪，或依訂購要求加工改造，直到變成「他們的作品」為止。有些設計師設計的衣服或罕見款，就保留原樣。其他的則被裁剪、重組成不同樣貌：用漂白水褪色、加上點點顏料、染色，直到它們再度被穿到破損褪色……

等到這股風潮不再流行，他們要做什麼？這是另話了，但肯定很有質感。E2雙人組有的是才華和創意。

Conclusion

After 2000
寫給下一輪時尚的備忘錄

Designers for future

刺繡大師François Lesage

Jil Sander設計師Raf Simons

瑞典設計師Lars Nilsson

Alessandra Facchinetti

Ivana Omazic

服裝奇才Phoebe Philo

Dior男裝藝術總監Kris Van Assche

Lacoste藝術總監Christophe Lemaire

Roland Mouret

美國設計師Zac Posen

雙人搭檔Lazaro Hernandez、Jack McCollough

Tod's服裝兼配件設計師Derek Lam

Révillon設計師Rick Owens

Marcel Marongiu

Givenchy設計師Riccardo Tisci

Gucci設計師Frida Giannini

YSL藝術總監Stefano Pilati

時尚的未來 what's next?

復古是時尚不斷的循環

我有幸在年少輕狂的歲月，體驗1960至1970年代了不起的創造力。我曾穿過1980年代積極進取的女性寬肩服裝，一副準備作戰的模樣。也曾目睹極端的極簡主義，迎接街頭風裝扮的來臨，還有從1990年代開始洶湧而至的奢華。我見到時尚創意定期從不遠的過去汲取靈感，復古是不斷出現的循環。我理解到（要感謝Karl、Jean-Paul、Marc、Nicolas……）拷貝一小撮設計師創意的抄襲現象，荼毒了我們的時代。對於1990年代末期服裝界出現的作者時尚，當時我就很喜歡，而且會一直喜歡下去： John Galliano和Nicolas Ghesquière的設計有什麼共同點？

經過這些年，高級訂製服重返流行時尚，讓人忘了1970年代費加洛報一則標題所引發的醜聞：「高級訂製服，做什麼用？」刺繡大師François Lesage跟所有頂尖名牌合作，他是服裝秀的明星，也是把布料變成精美傑作的大師。

刺繡大師François Lesage

他的工作室曾經接過Yves Saint Laurent的訂單，為那些向藝術家畢卡索、梵谷、波納爾、馬諦斯致敬的著名外套刺繡，就在Yves Saint Laurent統領品牌的最後二十年期間。他的高貴刺繡也曾為Christian Lacroix的晚宴服或結婚禮服畫龍點睛。或幫Karl Lagerfeld秋冬季（1996－97）的Chanel洋裝，繡上Coromandel的主題圖案。在慶祝八十大壽前夕，他仍然帶著熱情與創意，繼續跟多家訂製服品牌合作。「高級訂製服是一艘航向時尚之洋的奢華巨船。還有一些提供首飾、金銀飾花樣、織品印花、羽毛、亮片、刺繡、帽子、鞋子的小船，我便屬於其中一員。」他在2007年7月的訪問對我如此說。Chanel在1990年代末買下七家最大的「高級訂製服飾物製造商」（人們如此稱呼），其中包括他，讓與訂製服密不可分的這些行業能夠永續經營。

對於1990年代末期服裝界出現的作者時尚，當時我就很喜歡，而且會一直喜歡下去。

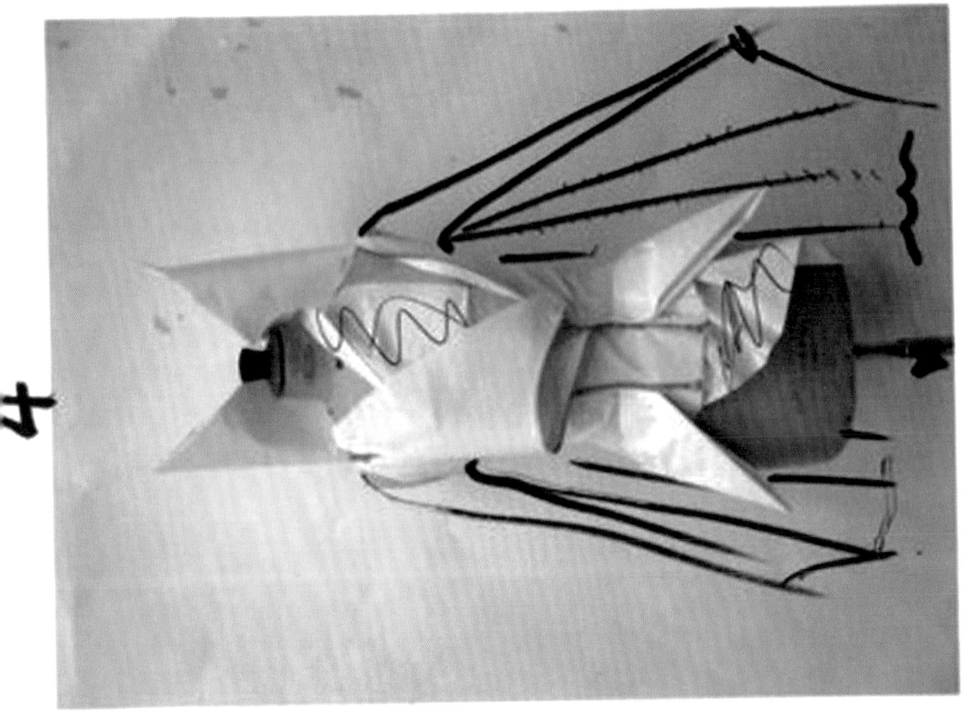

2008年一開始最新最棒的事，
就是天才設計師的全球化，
這些人肯定將成為明日之星。
Raf Simons接掌Jil Sander。
Lars Nilsson成為Nina Ricci的設計師。
Kris Van Assche擔任Dior男裝藝術總監。

全球化的天才設計師

不過，在2008年一開始最新最棒的事，就是天才設計師的全球化，這些人肯定將成為明日之星，有些已經頗有名氣。Raf Simons嚴謹的設計，與他所接掌的德國品牌Jil Sander出色結合。瑞典設計師Lars Nilsson畢業自巴黎製衣公會學校，當了Christian Lacroix九年的助理，然後成為Nina Ricci的設計師。Alessandra Facchinetti曾接替大師Valentino為品牌設計成衣。來自克羅地亞的Ivana Omazic，跟隨義大利的Miuccia Prada磨練。

先後擔任品牌Chloé、Céline設計總監的Phoebe Philo是服裝奇才。Kris Van Assche有比利時安凡爾美術學院的純正血統，是卓越的Hedi Slimane的前任助理，並接續他擔任Dior男裝藝術總監。Christophe Lemaire是Lacoste的藝術總監，很懂得以充滿創意的方式向品牌舊作取經。來自法國西南部的Roland Mouret，在倫敦成就事業。至於在紐約，新竄紅的美國人Zac Posen，他的服裝將幽默與挑逗融為一體，令人期待。

雙人搭檔Lazaro Hernandez、Jack McCollough合組的品牌Proenza Schouler，服裝展現純熟技藝，世故精巧，事業正強勁攀升。還有Tod's的服裝兼配件設計師Derek Lam。落腳巴黎的紐約人Rick Owens，為品牌Révillon換上現代風貌……還有人重現江湖，譬如Marcel Marongiu，他曾暫停一段時間，專心做家飾，2008年又為Guy Laroche設計高級成衣線。

三位重要的當代義大利設計師

我們也得向三位重要的義大利設計師致意，他們早就上過雜誌頭版，創作穩穩鞏住品牌的銷售數字。Givenchy的設計師Riccardo Tisci，善於掌握創始人Hubert的細膩風格，又不失個人強烈的獨特性，是個值得注意的天才。

Frida Giannini，2002年由Tom Ford欽點，負責皮件工坊。此後她統掌品牌Gucci所有產品線（女裝成衣線、男裝成衣線、配件、皮件），成就非凡，讓她凱旋列名華爾街雜誌（*Wall Street Journal*）全球五十名最有影響力女性之一。

還有2004年被Yves Saint Laurent任命為藝術總監的Stefano Pilati，成功完成一項艱鉅任務：取代大師為名牌Saint Laurent創作，既未推翻品牌的服裝準則，又能全然保有個人特色。他是內行人，瞭解這一行每一個環節，從挑選布料到樣式的作工收尾。Giorgio Armani及Miuccia Prada都曾是他的師父。

隨著一季季的時光過去，Yves Saint Laurent創作的服裝仍閃耀著成功的光芒。所有設計師都保證能做到嗎？時尚是永無休止的創造，或再創造，期待這些天才懂得革新當今的服裝準則，創造出新的服裝線，服裝身型……永遠留待設計師去想像。

Frida Giannini, 2002年由Tom Ford欽點,
負責皮件工坊。此後她統掌品牌Gucci所有產品線,
成就非凡, 讓她凱旋列名華爾街雜誌
全球五十名最有影響力女性之一。

Frida Giannini繪

Guy Laroche

設計師索引

«Madame Gil
pourriez-vous d
à madame Eli
ou madame Ja
Si dans l'atelie
madame Gin
mademoiselle
aurait une petit
de crêpe geo
et des cols "c
.... ?»

période
Voeux dans
ute Couture
seulement
la
utation
llections!
!!

nne
née!
97
RERRE

TISSUS
HES
PASSE
GROS GRAIN
QUEUES

國家圖書館出版品預行編目資料

時尚大師的手繪時尚 /弗蕾德莉克．莫利（Frédérique Mory）著；吳佩芬 譯.
－ 初版．－ 臺北市：原點出版：大雁文化發行，2016〔民105〕.02
240面； 15 × 23 公分 譯自： Bloc-mode
ISBN 978-986-5657-66-6（平裝）
1.時尚 2.歷史 3.服裝設計
541.8509   104029185

時尚大師的手繪時尚
BLOC-MODE

(原書名:繪時尚)

作者 弗蕾德莉克．莫利 Frédérique Mory
譯者 吳佩芬
封面設計 Peter Chang
內頁設計 林秦華
文字編輯 李昭融
協力編輯 吳佩芬
執行編輯 葛雅茜

行銷企劃 郭其彬、王綬晨、夏瑩芳、邱紹溢、張瓊瑜、李明瑾、蔡瑋玲
總編輯 葛雅茜
發行人 蘇拾平
出版 原點出版 Uni-Books
Facebook: Uni-Books 原點出版
Email: uni-books@andbooks.com.tw
台北市105松山區復興北路333號11樓之4
電話：（02）2718-2001 傳真：（02）2718-1258
發行或營運統籌 大雁文化事業股份有限公司
台北市105松山區復興北路333號11樓之4
24小時傳真服務（02）2718-1258
讀者服務信箱 Email: andbooks@andbooks.com.tw
劃撥帳號：19983379
戶名：大雁文化事業股份有限公司

初版 1 刷・2016年2月
初版 3 刷・2018年2月
定價480元
ISBN 978-986-5657-66-6

大雁出版基地官網：www.andbooks.com.tw（歡迎訂閱電子報並填寫回函卡）